Londralı Dekameron

Üretim ve Yayınevi:
BoD – Books on Demand, Norderstedt

ISBN 978-3-7528-2059-1

Londra'da Bir Gün

Londra'yı Seviyorum (1.1)

Burası, tarihin başka hiçbir yerindekine benzemeyen bir şehirdir.

Konaklamamın ilk gününde hemen Hydepark'ta bir yürüyüşe çıktım. Yürüyüşe Lancaster Gate'de başladım. O civara yakın bir ev kiralamıştım. Londra'nın en önemli noktaları, parklarıdır. Nemli iklim nedeniyle böylesine yeşil olan çimleri, daha önce sadece Alpler'in eteklerinde görmüştüm. Park, koşuya çıkmış ya da spor kıyafetler içinde yürüyüş yapan insanlarla doluydu; çoktan sonbaharın sonları olmasına rağmen, neredeyse herkesin bacakları çıplaktı; fakat hava çok yumuşaktı.

Londralılar köpekleri sever: Her elde üçer tane olacak şekilde, toplamda altı adede kadar köpeği gezdirirler. Ancak yollarda tek bir köpek pisliğine bile rastlayamazsınız. İngilizler işte böyle disiplinlidir. En prestijli tatil yerlerinde bir pislikten diğerine basmadan yürüyemeyeceğiniz Fransa'nın güneyinde Côte d`azur'daki Fransızların tam aksine.

Ağaçlar hâlâ yapraklarla doluydu, birçok çalı çiçek açmıştı ve etraflarında yabani siklamenler göze çarpıyordu. O harika İtalyan tesislerinin ve göz alıcı bir şekilde düzenlenmiş göllerin yanından geçerek, sonunda Konuşmacı Köşesi'ne (Speaker´s Corner) ulaştım. Tüm bu güzellikleri kaydetmek ve onları "Londra'dan izlenimler" olarak yayınlamak için, bir fotoğrafçı olmayı isterdim. Daha önce buraya dair televizyonda gördüğüm ne varsa, doğal olarak kendi gözlerimle gördüğüm ihtişamın yanına bile yaklaşamıyordu.

Konuşmacı Köşesi

Onu derhal fark etmiştim. Vücudunun tamamı dövmelerle kaplı olan, bunları göstermek ve ne anlama geldiklerini açıklamak için kıyafetlerini birer birer çıkarırken, kimsenin sorgulamamış olmasına rağmen: "Ben bir insanım," diye bağırıp duran bir adamı izleyen küçük bir grubun yanında duruyordu.

Ben de bu göze batan dinleyicinin dikkatini çekmiş olmalıydım; çünkü doğruca yanıma geldi ve benimle konuşmaya başladı. Ama lafa "Nerelisin?" ya da "Adın ne?" sorularıyla girmemişti, aksine, konuşmacının performansını nasıl değerlendirdiğimi bilmek istiyordu. Dürüst olmak gerekirse, dövmelerden pek hoşlanmam. Bir insanın nasıl olup da vücudunu bu kadar çirkinleştirebileceğini bir türlü anlayamıyorum. Performans konusunda ise söyleyecek fazla bir şeyim yoktu. Dövmeli adam, Amerikan Başkanı Franklin Delano Roosevelt'e göre her insanın sahip olması gereken ve Amerikan askerlerinin bu uğurda 2. Dünya Savaşı'na girdiği dört özgürlükten söz ediyordu.

Daha Büyük Londra'nın Bohemleri

Benimle konuşan ama kim olduğunu henüz bilmediğim adam, konu hakkında benden fazla bilgi sahibiydi ve bu dövmelerin Amerikalı ressam Norman Rockwell'in çizimlerine uygun olarak deriye işlendiğini anlattı. Ayrıca dövmeli adamın yıllardır bu şovu yaptığını ve onu şahsen tanıdığını da söyledi. Her ikisi de kafelerde ve barlarda gösteriler ve etkinlikler düzenleyen, gevşek bağlarla bir araya gelmiş olan "Daha Büyük Londra'nın Bohemleri" adlı bir grubun üyesiydi.

Yeni tanıştığım kişinin rolü esas olarak hikâyeler, anektodlar, fıkralar ve özellikle de tuhaf hikâyeler anlatmaktı. Lisan konusunda çok yetenekliydi, çok sayıda dil biliyor ve hemen hemen her dilde derdini anlatabiliyordu. Bu nedenle lakabı "Tusitala; Bin Hikâye Anlatıcı" idi. Bu, Samoalıların bir zamanlar yaşlılık yıllarını Samoa'da geçiren Hazine Adası yazarına verdikleri bir isimdi.

Hyde Park

Birbirimizle sohbet ederken Serpentine Gölü boyunca ilerledik, Albert Anıtı'na ulaştık ve sonrasında bir zamanlar Kraliçe Victoria'nın yaşadığı, tüm bölgeye adını veren o muhteşem Kensington Sarayı'nı ve Prenses Diana Anıtı'nı geride bıraktık. Büyük bir hayal gücüyle işlenmiş Peter Pan Anıtı'nı da inceledikten sonra, nihayet başlangıç noktamız olan Lancaster Kapısı'na geri döndük. Sohbete o kadar dalmıştık ki, yürümeye devam ettik ve sonunda kendimizi tekrar Konuşmacı Köşesi'nde bulduk.

Politik Konuşmalar (1.2)

Korkudan Kurtulmak

Sohbetimiz o dört özgürlük üzerine dönüyordu. İfade özgürlüğü, ibadet özgürlüğü, istekten kurtulma özgürlüğü ve dördüncü özgürlük olan korkudan kurtulma özgürlüğü... Bu dördüncü özgürlük, Amerikan Başkanı'nın İkinci Dünya Savaşı'ndan sonra barışın yeniden sağlanmasıyla birlikte, içinde korkuya yer olmayan bir dünya yaratmak için insanlığa verdiği bir sözdü. Başkan, bu Pax Americana sözünü, dünyaya Amerika'nın savaşa henüz girmemiş olduğu bir zamanda vermişti.Bu, bir daha asla savaş olmayacağına, sonsuz bir barış ortamının hüküm süreceğine ve Hitler'in ortadan kaldırılmasıyla birlikte, Amerika liderliğinde bir dünya barışının kurulacağına dair bir sözdü. Ancak bunun sağlanması için ABD önce savaşa girmek zorundaydı.

Savaşa Giriş

Churchill, Amerika'nın savaşa gireceği bu anı sabırsızlıkla bekliyordu; çünkü İngiltere'nin Dunkirk'te aldığı yenilgiden ve Fransa'nın teslim olmasından sonra, Amerikan yardımı olmadan savaşı sürdürmesi mümkün değildi. Ancak Amerikan halkı, Birinci Dünya Savaşı'nda olduğu gibi, tekrar bir savaşa çekilmek istemiyordu. Bununla beraber Churchill, İngiltere'nin bir Avrupa savaşını değil, Amerika Birleşik Devletleri'yle birlikte gireceği bir dünya savaşını kazanabileceğini biliyordu. 1932'de Roosevelt ona, Almanya'yı bu defasında hem de mutlak bir şekilde yok edeceğimize dair söz vermişti.

Norman Rockwell

Amerikalı ressam, bu dördüncü özgürlüğü görselleştirerek anlatmak için esrarengiz bir tablo çizmişti. Dövmeli adam bunu göğsünde, yani vücudunun en dikkat çeken yerinde taşıyordu. Küçük bir oğlan ve kız kardeşi, hasta halde yatakta yan yana yatıyorlardı. Babaları ve anneleri ise başlarında duruyor ve uyuyan çocukları için endişeleniyorlardı.

Yorum

Bu iki endişeli ebeveyn, iki dünya gücü olan Sam Amca ve Britanya'dır. Çocuklar anneleriyle babalarına nasıl mutlak bir şekilde güvenebiliyorsa, küresel toplumun da bu iki dünya gücünden korkmasına gerek yoktu. Bunlar bütün halkları koruyacak ve himayeleri altına alacaklardı. Yalnız bunun için önce halkların silahsızlandırılması gerekiyordu, ancak bu sayede birbirleriyle savaşmalarının önüne geçilebilirdi.Silahsız bir dünya artık savaşmaya başlayamazdı; kurtuluş ve refah sadece ABD ve İngiltere tarafından garanti altına alınacaktı. Silahsızlanma ilk olarak Almanya'dan başlayacaktı, "bir Alman bir daha asla eline silah almayacaktı". Daha sonra Japonya, kayıtsız şartsız teslim olmalı ve her türlü askeri silahı bulundurmaktan vazgeçmeliydi.

Daha sonra diğer tüm devletler de adım adım askerden arındırılmalıydı.

BM Şartı

Bu düşünce, 1941 yılında Churchill ve Roosevelt tarafından tasarlanan BM Şartı'nda da ifade edilmişti. Churchill ve Roosevelt büyük bir gizlilik içinde, 9-12 Ağustos 1941 tarihleri arasında Newfoundland'da, Placenta Körfezi'nde İngiliz savaş gemisi HMS Prince of Wales'de bir araya gelmişti. Bundan kısa bir süre önce, Hitler Sovyetler Birliği'ne saldırmıştı ve her iki siyasetçi de Hitler'in galip geleceğini ve sonra güçten düşmüş Alman ordusunu kolayca yok edebileceklerini varsayıyordu, nasıl olsa 1932 yılında Roosevelt tarafından başlatılan gelmiş geçmiş en büyük silahlanma projesi, "10 Yıl Kuralı"na göre 1942'de kullanıma hazır hale gelecekti.
Bölüm 8 diyordu ki: Pratik ve aynı zamanda ahlakî nedenlerden ötürü, tüm dünya halklarının silahlı şiddet kullanımından vazgeçmesi gerektiğine ikna olduk. Saldırı silahları, saldırı amaçlı kullanılabildiği sürece, gelecekte barış sağlanamayacağından, kalıcı bir genel güvenlik sistemi oluşturulması için tüm milletlerin silahsızlandırılmasını bir zorunluluk olarak görüyoruz. Böylece barışsever halkların altında ezildiği silahlanma yükünü hafifletmek için alınacak tüm önlemleri destekliyoruz.

Apolitik

Houston'u sadece dinleyebiliyordum. Bana bilmediğim pek çok şey anlatıyordu. Kendi kuşağımın tümü gibi, ben de tamamen apolitik olarak yetiştirilmiştim. Tek bildiğim, Hitler yenildikten sonra asla başka bir savaş olmayacağıydı. Buna ikna olmuştum. Hitler'in yaptığı gibi, dünyayı böylesine bir yıkım savaşına sürükleyebilecek bir çılgının bir daha ortaya çıkması, söz konusu dahi olamazdı. Hitler, kesinlikle bir istisnaydı, bu çok açıktı. Bütün sınıf arkadaşlarım da benim gibi düşünüyordu ve öğretmenlerim de bunu anlatıyordu.

Amerikalıların bizi fedakârca korumalarını ve silahlanma yükünü olduğu gibi üzerlerine almak istemelerini çok özverili bulmuştum. Bu düşüncelerimi de yeni arkadaşımla paylaşmıştım. Ancak benimle aynı fikirde değildi. Bugün artık ben de değilim. "Bir daha asla savaş olmayacak", galip güçlerin boş bir sözüydü. Bununla tek yapmak istedikleri, dünyaya tek başına hakim olma emellerini gizlemekti.

Rüya ve Gerçek

Zaten savaş Churchill ile Roosevelt'in tasavvur ettiğinden tümüyle farklı bir şekilde gelişmişti. Bolşevizm yok edilememişti, aksine Stalin savaştan daha da güçlenmiş bir şekilde, hatta savaşın galibi olarak çıkmıştı. Berlin'e Amerikalılar veya İngilizler değil, o girmişti. Başkentin merkezini işgal etmiş, diğer devletlere de şehrin batısındaki birkaç sektörü kendi isteğiyle vermişti.

Pasifikte, Çan Kay Şek Japonları mağlup edemedi; ABD, Japonları yenmek için kendisi müdahale etmek zorunda kaldı. Başkomutan, Stalin'in yeni müttefiki Mao Zedong'un "uzun yürüyüşte" fethettiği anakara Çin'i bile kaybetti. Sonuçta bolşevizm, doğuda da egemen olmuştu. Savaşın sonunda,

Milliyetçi Çin'den geriye, adı eskiden Formoza olan küçük Tayvan Adası kalmıştı.

Savaştan iki yeni dünya gücü çıkmıştı. ABD ve BK, dünya egemenliğini bunlarla paylaşmak zorundaydı. Her ikisine de BM'de aynı veto gücünü tanımak zorundaydılar. Artık sadece ikisi değil, dördü söz sahibiydi. Bu, ebedi barışın söz konusu bile olmadığı,üstünlük savaşının sürdüğü anlamına geliyordu. Savaşın tek sonucu, Almanya ve Japonya'nın tamamen yıkılmasıydı.

Operasyon Düşünülemez

Churchill, "Yanlış domuzları katlettim" diyerek olayın farkına varmış, Mayıs 1945'te barış anlaşmasının imzalanmasından hemen bir gün sonra savaşa devam etmek istemişti. 5 milyondan fazla tutsak Alman askerinin silahlarını toplattırmıştı. Amerikalılarla ve İngilizlerle birlikte Ruslara karşı savaşmayı sürdürebilmeleri için, bunların geri verilmesi gerekiyordu. Ancak Amerikalı generaller bunu kabul etmediler. Normandiya çıkartması ve Batı'daki savaşlar, muazzam malzeme üstünlüğe rağmen, beklenenden çok daha ağır ve büyük kayıplarla geçmişti. Ara vermeden savaşa devam etmek mümkün değildi. Sonunda soğuk savaş başlamıştı. Uzak Doğu'da ise durum farklıydı.

Birbiri ardına savaşlar

Pasifik'teki savaşın başladığı yer olan ve ABD'nin 1936'da Çan Kay Şek'i Japonya'ya karşı savaşması için para ve silahlarla donatmış olduğu Kore'de, savaş derhal yeniden başladı. Japonların kovulmasından sonra ABD bu zengin kolonileri işgal etmek isteyince, Koreliler buna direndi. Hepsi de Koreli olan 3 milyon ölü, Amerika'nın askeri operasyonlarına Kore halkına mal oldu. Bugüne kadar Kore'nin kuzeyi henüz fethedilmedi. Halen her an bozulabilecek bir ateşkes hüküm sürüyor. Şu anda da durum özellikle tehlikeli görünüyor.

Bundan sonra sıra Fransa'nın sömürgeci gücünün yeniden egemen olmasına izin vermek istemeyen Vietnam'a gelmişti. Amerika Birleşik Devletleri, bu durumu kendi hâkimiyetini kurmak için kullanmak istedi. Ancak napalm bombalarının atılması ve benzeri olağandışı zulümler bile, ABD'nin zaferi için yeterli olmamıştı.

ABD, İran'a yapılan müdahaleye, Irak'ta Saddam Hüseyin'e karşı verilen savaşa, Sırbistan'a, Libya'da Kaddafi'ye, iç savaş çıkması için Suriye'deki muhaliflerin silahlandırılmasına ve 1.200'den fazla askeri müdahaleye bir şekilde dahil oldu. Bu, korkunun olmadığı bir dünya vaadinin ve ebedi barış düşünün sonucuydu.
Brecht'le birlikte "barış hayali artık bir rüya değil, kaba bir gerçekliktir," diyebiliriz.

Côte d´azur (1.3)

Hatıralar

Bu konuşmalar sayesinde birbirimizi şaşırtıcı bir hızla tanıdık. Ayrıca ailesine, çocukluğuna ve gençliğine dair de çok şey öğrendim. Daha çok genç yaşta ebeveynlerin isteklerine ve ailenin geleneğine karşı , çıkmış, Oxford'da üniversite öğrenimi görmek ve sonra kariyer basamaklarına tırmanmak yerine önce bir hovarda, sonra bir gezgin, ardından da bir serbest yazar olmuştu. Gençliğinde, Fransa'nın Akdeniz kıyılarında arkadaşlarıyla birlikte kamp yapmayı severmiş. İkimizin de aklı hatıralarla dolmuştu. Böylece, 2. Dünya Savaşı'ndan birkaç yıl sonra, Nice'deki Negresco'nun önünde, sahilde birbirimizle karşılaşmış olduğumuzu hatırladık.

O zamanlar kumsal hâlâ iri çakıl taşlarıyla doluydu. Üzerlerine kum dokulması daha sonranın işidir. Bugün bütün oteller ve restoranlar, zengin petrol şeyhlerine aittir. Yeni arkadaşım o günlerde güzel Cynthia, Douglas ve Charles isimli arkadaşlarıyla birlikteydi. İlk adı Houston'dı. Ben de bu dört yapraklı yoncaya Henry ismiyle kabul edilmiştim. Henüz 16 yaşındaydım, yeni arkadaşlarımdan 2 yaş daha küçüktüm ve bu dört Londralıyla dünyayı aylak aylak gezmek için ailemin varlıklı burjuva evinden ayrılmayı ciddi ciddi aklımdan geçiriyordum.

Eğitimli Orta Sınıf

Ebeveynlerim kültürlenme tutkusuyla meşhur empresyonist Auguste Renoir'ın evini ve Picasso'nun o çok tanınan "La Joie de vivre" adlı tablosunu yaptığı Antibes'teki Grimaldi Sarayı'nı, ayrıca birçok ünlü ressamın çalıştığı diğer tüm yerleri ziyaret etmişlerdi. Meşhur müzelerden ve büyük ressamların atölyelerinden birini bile kaçırmak istemiyorlardı. Güney

Fransa özellikle 1945'ten sonra ressamlar için bir cennetti; ancak Van Gogh ve Gauguin, Provence'de bulunan Arles'e bundan uzun zaman önce yerleşmişlerdi.

Sokak Sanatçıları

Dört arkadaşım, başkalarının yarattığı eserlerle ilgilenmiyorlardı. Kendileri de birer sanatçıydı. Charles, kaldırımlar üzerinde harika resimler tasarlıyordu. Bunlar, genellikle hâlâ hayatta olan önemli politikacıların karikatürleriydi. Koca burunlu General de Gaulle veya purolu Küçük Şişman Adam, yani Churchill. Sahil boyunca gezintiye çıkanlar, resmin yanında duran kaskete beğeniyle bozuk paralar fırlatırlardı.

Cynthia, birkaç çizgiyle şaşırtıcı güzellikte portreler çizebiliyordu. Küçük, dengesi bozuk şövalesini kurardı ve oradan geçenlerin neredeyse tümü dayanamayıp, son derece gerçekçi buldukları portrelerini satın alırlardı.

Douglas'ın sesi çok güzeldi ve mükemmel bir şekilde gitar çalıyordu. Rıhtım duvarına oturur ve en yeni moda şarkıları seslendirirdi. Edith Piaf'ın, örneğin Allez-venez-Milord gibi popüler parçalarını da söylerdi. İngilizce gemici şarkıları da söylediği olurdu:

My Bonny is over the ocean.
She drank gin. He drank rum.
I´ll tell you they had lots of fun.

Onun şapkası da hiç boş kalmazdı.

Houston lisan konusunda çok yetenekliydi, en yeni fıkraları etrafında toplanan insanların kim olduğuna göre İtalyanca,

Fransızca, İngilizce ve hatta Almanca olarak anlatırdı. Etrafındaki kahkaha sesleri her zaman çok yüksekti. Ne yapıp da bahşiş koparmayı başardığını hatırlamıyorum. Sanırım siyasi bir kurban gibi davranırdı; ama o kadar komikti ki, kimse ona inanmazdı.

Keyifli Tatil

Londralı dört arkadaşım, çadırlarını bir milyonerin o günlerde boş olan yazlık villasının bahçesine kurmuşlardı.Günün tamamını sahilde geçiriyor, acıktıklarında franklarını sayıp bir şişe Vin du Postillion, bir baget ekmeği, domates, üzüm ve belki de jambon almak için yeterli olup olmadığına karar veriyorlardı. Yeterli gelmiyorlarsa, Promenade des Anglais'de "faaliyet" göstermeye başlıyorlardı.

Dört sanatçının birlikte bir yemek için para toplaması 20 dakikadan fazla sürmüyordu. Dürüst olmak gerekirse, çok da yetenekliydiler. Onlarla dünyayı bir gezgin olarak dolaşmayı çok isterdim. Ancak maalesef onların yaşam tarzlarına ayak uyduracak yeteneklerim yoktu. Okulda notlarım çok iyiydi; fakat hepsi de bu kadardı.

Köken

Kısa sürede arkadaşlarımın aileleri hakkında da bilgi edindim. Hepsi nüfuzlu ailelerden geliyordu. Hatta Cynthia bir soyluydu. Annesi İngiliz kraliyet ailesinin nedimelerinden biriydi. Mitford'lar üzerinden, kendisi de bir asilzade olan Churchill'in eşi Clementine Hozier ile de akrabaydı.

Douglas, İskoçya'daki Dungavel Castle'da kendi hava alanı bulunan büyük bir arazinin sahibi olan önemli devlet adamı

Hamilton'la akrabaydı. Söylenene göre Rudolf Heß 1941'de bu hava alanına iniş yapmıştı.

Charles, o havalı Carinhall avlarına davet edilen, Goering tarafından Halalifax olarak adlandırılan, İngiliz Dışişleri Bakanı Lord Halifax ile akrabaydı.

Houston, içinden birçok büyük politikacı çıkarmış, hatta Nevillle Chamberlain ile başbakan bile yetiştirmiş olan, seçkin Chamberlain ailesiyle akrabaydı. Bu dört aylağın sıradan insanlara göre istisna teşkil etmeleri, hiç de şaşırtıcı değildi.

Yaşlı Sanatçılar

Houston'ın bu arkadaşlarla hâlâ bağlantısı vardı, onlar da onun gibi Londra'da yaşıyorlardı. Cynthia ve Charles, çok da uzun olmayan bir süre önce Trafalgar Meydanı'nda yaptıkları bir kaldırım resmiyle kendilerinden söz ettirmişlerdi, hatta bu resim yüzünden haklarında bir dava bile açılmıştı. Bunun dışında kitap çizeri olarak sabit bir gelir de elde ediyorlardı.

Douglas, bir obua ve on iki daktilo kullanarak verdiği konserlerle ahım şahım bir maddi başarı kazanamamıştı. Hâlâ sokak müziği yapıyor, ya da kafelerde ve barlarda tek kişilik şovlara çıkıyordu.

Houston hiçbir şey yayınlamamış olmasına rağmen, kendisini bir yazar olarak hissediyordu. Büyük bir eser planlamıştı: Bin kısa hikâyede dünya tarihinin bin yılı. Özetle, işler dördü için de fena gitmiyordu, ancak varlıklı ailelerinin desteği ve mirasları olmadan yaşam tarzlarını yaşlanana kadar sürdürmeleri mümkün değildi. Böyle olmasaydı çalışmaları gerekirdi, benim gibi.

O zamanlar yollarımız Nice'de kesişmişti, bugün Houston'la Konuşmacı Köşesi'nde karşılaşmamız da tesadüf eseriydi. Buradan kalıcı bir tanışıklık ve işbirliği çıkması ise kaderdi.

Londra Barları (1.4)

The Swan

Artık bir bira içme vakti gelmişti. Geleneksel yapısıyla insana hitap eden bir bar olan "The Swan", yolun hemen karşı tarafındaydı. Burası, Houston'un müdavimi olduğu barlardan biriydi. Biz de buraya girdik. Ahşap banklar ve masalarla dolu olan ön bahçe boştu. Dışarıda oturmak için hava fazla serindi. Ancak içerisi oldukça doluydu. Giriş kapısının sağ arka tarafında, boş bir masa bulduk. Büyük bir masa, birlikte öğle tatili yapan iş arkadaşları tarafından tamamen doldurulmuştu. Akılları fikirleri muziplikteydi. Yan sandalyede oturan arkadaş bir an dikkat etmediğinde, dolu bardağı boş bir tanesiyle değiştiriliyordu, ya da içlerinden biri kısa bir süre için yerinden kalktığında sandalyesinin arkasında asılı duran ceketinin kollarını düğümlüyorlardı, bu da sonrasında ceketini giymesini zorlaştırıyordu. İngilizler için bunun bayağı eğlenceli bir iş günü olduğunu düşündüm. Kapalı mekân iç içe geçmiş alanlardan oluşuyordu. Sık sık tadilatlarla değişikliğe uğramış ve balkonlarla büyütülmüştü. Kadınların olduğu bir masaya, ancak yarı yüksekliğinde bir merdivenle ulaşılabiliyordu. Orada on, on iki kadın oturuyor ve oyunlar oynuyorlardı. Kendilerine güvenleri tam görünüyordu ve belli ki kocaları için yemek yapmak zorunda değillerdi.

Bira Nasıl Alınır

Defalarca yanımızdan geçen ve biramızın olmadığını fark etmeyen garsona kızmaya başlamıştım ki, yeni arkadaşım bana birayı bardan kendimizin alması gerektiğini açıkladı. Böylece sekiz farklı fıçı bira türü akan muslukların bulunduğu tezgâha gittim. "Bana da dördüncü fıçıdan bir bira getirsene" diye seslenmişti Houston. Biranın parası peşin ödeniyordu, Londra'da bardak altığının üzerine içilen bira sayısı kadar çizik atılması usulü yoktu. Aslında bu oldukça pratik bir uygulamadır. Hesap öderken herhangi bir sıkıntı yaşanmasına engel olur.

Fish and Chips

İçmek acıktırır ve bu yüzden Houston, Fish and Chips (balık ve patates kızartması) yememizi önerdi. Bunun siparişi de tezgâhta veriliyor ve ücreti peşin ödeniyordu. Houston'a yemeğini ısmarlamayı düşünüyordum, , ancak yemeğini bu kadar rahatlıkla bana ödetmesi, beni bir miktar sinirlendirmişti. Bununla beraber balık çok çok güzeldi, taze bir morina balığı filetosuydu, yanında biraz genişçe kesilmiş kızarmış patatesler vardı, gevreklik ve yumuşaklık dengesi iyi olduğu için gayet lezzetliydiler. Siparişim için bana küçük bir bayrağın üzerinde bir numara verilmişti ve bunun masaya konulması gerekiyordu. Garson kısa bir süre sonra üzerinde aynı numaraya sahip bir bayrak bulunan tepsisini sallamaya başladı. Bir terslik olmadan yemeğimize kavuşmuştuk. Burada da İngilizlerin ne kadar pratik olduklarını düşündüm. Hesabı ödemeden sıvışmanın yolu peşinen kesilmişti.

Fouquet´s

Paris'teki Fouquet's adlı restoranda yaşadıklarımın, Londra'da tekrar başıma gelmesi mümkün değildi. Saygıdeğer, ciddi görünümlü yaşlı bir beyefendi, bir restoranın önünde beni yemeğe davet edip edemeyeceğini sormak için - ki o zamanlar "fakir bir öğrenci"ydim - yanıma yaklaşmıştı. Buna şaşırmış ve çok sevinmiştim, birlikte şık bir restoranda nefis yemeklerden bol bol yemiştik, sonra cömert beyefendi tuvalete gidip geleceğini söylemiş, ancak bir daha geri dönmeyince, çaresizce hesabın tümünü ödemek zorunda kalmıştım.

Darağacı

Biz, yani Houston'la ben, Swan'ı terk etmeden önce Houston bana şöyle sordu: "Bu arada, dört yüz yıl önce idam mahkûmlarının son yemeklerini burada yediklerini biliyor muydun?" Darağacı, bugün Konuşmacı Köşesi olan yerde, sokağın karşı tarafında bulunuyormuş.

Böyle bir yerin işlevini bu şekilde değiştirmiş olması çok garip. Bir zamanlar asılan kişinin istemsizce çırpınan bacaklarıyla eğlenmek için koşturan insanlar, bugün karmakarışık konuşmalara ve çoğunlukla psikopatik kişiliklerin gönüllü gösterilerine gülüyorlardı. Tuhaf, ortamın ruhu, garip bir şekilde kendisine sadık kalmıştı.

Houston, İngiliz tarihi konusunda çok bilgili olduğu ve doğduğu şehri çok iyi tanıdığı için, bana eski, geleneksel barların tümünü göstermesini istedim. Bu epey yoğun bir programdı. İkimizin de zamanı vardı, iş hayatımı geride bırakmıştım, çocuklarım evden ayrılmıştı ve Houston tüm hayatı boyunca bekâr kalmıştı.

2. Gün

East End'deki Ev (2.1)

Paddington İstasyonu

Bir sonraki gün onu East End'deki evinde ziyaret etmemi kararlaştırdık. Ertesi sabah yola çıktığımda, tabii ki trafiğin yoğun olduğu saati dikkate almamıştım. Paddington istasyonundan hareket etmek niyetindeydim. Ancak peron o kadar doluydu ki, trene binebilmek söz konusu bile değildi. Bu yüzden banklardan birine oturdum ve olan biteni izlemeye başladım.

Trenler iki dakikada bir geliyordu. Daha arkada bulunanlar, önde bulunanları iterek vagonlara sokuyorlardı, ta ki tek bir kişinin bile içeri sığamamasına kadar. Bir sonraki trende de aynı şey gerçekleşiyordu. Büyüleyici bir manzaraydı. Elbette benim için! Bunu her gün yapmak zorunda olanlara, çok yazıktı tabii.

Sonunda ben de aynı prosedürden geçtim. Vagonda ayakta duran birçok kişinin görüşü engelliyor olmasına rağmen, yan duvarların üstünde bulunan sığınak fotoğraflarını, orada toplanmış olan insanlara kahve ve kek getiren yardımsever kadınları görebiliyordum. Bunlar, Londra'daki ilk Alman hava saldırılarının anılarıydı. İşte, yaşayan tarih bilinci yine buradaydı. Hiçbir Alman şehrinde, çok daha fazla acı çekmiş olmalarına rağmen, bombalamalara dair anılar görememiştim.

Sonunda East End'e ulaşabildim ve yaptığı tarifi dikkate alarak Houston'un evini hızlıca buldum. East End bugün şık bir sanatçı mahallesidir, fakat evvelce Londra'nın en yoksul bölgesiydi. Houston'un evi, burada çoğunlukla fakir liman işçilerinin yaşadığı dönemde inşa edilmişti.

Arşivler, Notlar, El Yazmaları

Houston hâlâ kütüphanesindeki kaosa biraz düzen getirmeye çalışmakla meşguldü. "Misafir" geldiğinde sergilenen tipik bir davranış. "Düzenli olmak benim için her zaman biraz zor olmuştu" diye açıklamıştı bu ortalığı toplama çabasını. Derlediğim bütün hikâyeleri düzenli bir şekle sokma niyetimin bu zamana kadar başarısız olmasının sebebi de muhtemelen buydu. Bu, büyük bir çalışkanlık gerektiren, devasa bir çalışmadır. Büyük şairlerinizden birinin söylediği gibi, "deha, %5 yetenek ve %90 gayrettir". Ben bu %5 yeteneğe belki sahip olabilirim, ancak %90 gayretin eksik olduğu apaçık ortada.

Selamlama

İlk olarak, yenilenmiş arkadaşlığımızı bir bardak şarapla ıslatmak istedik. Houston'un şarap mahzeninde, İngilizler arasında çok sevilen Porto şarabının ve Sherry'nin dışında, sek beyaz şaraplar da bulunuyordu. Bunlar Kaliforniya'dan, Şili'den ve Avustralya'dan geliyordu. Houston, bütün dünyayı dolaşmış olan bir gezgindi ve bu alanda da bilgi sahibiydi. Keyfim son derece yerindeydi, o da yazarlıkla ilgili problemlerini biriyle konuşabiliyor olmaktan gayet memnun görünüyordu.

Kader Yılı 1932

Hikâye derlememin başında 1932 kader yılını yerleştirerek, olayların ileriye ve geriye doğru gitmesine izin vereceğim. Bu yılı hangi açıdan bir kesişme noktası olarak seçtiğini bilmek istiyordum. Benim için bu yıl özel bir sembolik güce sahip değildi. Houston ise bunu Amerikan politikasının dönüm noktası olarak görüyordu. 1932'de Amerika'nın egemenleri, ABD'nin sahip olduğu gelmiş geçmiş en iyi başkan olan Herbert Hoover'in yeniden seçilmesini engellemeyi ve kendilerinden birini iktidara getirmeyi başarmıştı: Franklin Delano Roosevelt. Gerçi o da Amerikan halkına barış vaat etmişti, ancak bu sadece rakibinin barış isteyen seçmenlerini avlamak içindi. Gerçek amacı ise şuydu: "Büyük bir savaşa ihtiyacım var." Aklında Hoover'ın ne pahasına olursa olsun önlemek istediği bir savaş olan Pasifik savaşı ve ayrıca bu kez mutlak bir şekilde yok etmek istediği Almanya'ya karşı açacağı savaş vardı.

Hoover

Hoover, fetih savaşlarına ihtiyacımız olmadığı ve yağmalama yapmamamız gerektiği kanaatindeydi. Amerika Birleşik Devletleri son derece zengindi, biz ülkemizi geliştirdikçe, karayolları ve demiryolları inşa ettikçe, zengin madenlerimizi modernleştirdikçe ve sanayimizi geliştirdikçe, yoksulluğu ortadan kaldırmak için gerçek şansımız olur. Modern teknoloji, her Amerikalının kendi evine sahip olabilmesine ve kendi evinin efendisi olmasına izin verir. Bu, egemenlerin hiç hoşuna gitmeyen bir fikirdi, çünkü fakirler ve acı çekenleri baskı altında tutmak, kendinden emin, bağımsız ve refah içindeki vatandaşlara kıyasla çok daha kolaydı.

Seçim Sonucu %37

F. D. Roosevelt'i iktidara getiren 1932 yılı, NSDAP liderine oyların %37'siyle ilk büyük seçim zaferini getirmişti. Bütün partilerin gösterdiği büyük direnişe rağmen, sonunda kendi partisi tarafından yönetilen bir hükümet kurmakla görevlendirilmiş ve şansölye ilan edilmişti.

Hitler ve Roosevelt, 1932'den itibaren birbirlerinin en güçlü rakipleri olmuş, İkinci Dünya Savaşı'nın sonuna kadar da böyle kalmışlardı. Aslında iki dönemlik görev süresinin öngörülmesine rağmen, Roosevelt 1936'da ikinci kez ve

1940'ta üçüncü kez, hatta 1944'te dördüncü kez seçilmişti. Bu, ABD tarihinde bir ilkti. Ancak o zamanlar sağlık durumu o kadar da kötüydü ki, ne savaşın sonunu, ne Hitler'in sonunu, ne de Japonya'ya karşı verilen savaşı görebilmişti.

Diktatör

Hitler, 1933 yılında Yetkilendirme Yasası'nı çıkartmış ve oy hakkını sağlayan yasayı oluşturmuştu ve 1945 ilkbaharında Rus ordusu Berlin'e girerken intihar edinceye dek kendisini diktatör ilan etmişti. Hitler'in sadece %37 ile iktidara gelmesi, halkın neredeyse 2/3'ünün ona karşı olduğu anlamına geliyordu, bu da neredeyse ona karşı düzenlenen 70 kadar suikastın hiçbirinin amacına ulaşmamış olması kadar şaşırtıcıydı.

Münih (2.2)

Oğlu Randolph

Houston anlatmaya devam etti. Hitler'le birlikte siyaset sahnesine ağır sıklette birinin girdiğini ilk fark edenlerden biri, yaşlı ve tecrübeli tilki Churchill olmuştu. Başlarda Hitler'i oldukça olumlu şekilde değerlendirmişti: "Eğer benim ülkem de Versay Antlaşmaları sonrasındaki Almanya kadar mahvolmuş olsaydı, ben de onun gibi bir adam dilerdim."

Hitler'in siyasi kariyeri başlarda Churchill'in o kadar ilgisini çekmişti ki, oğlu Rudolph'u Hitler'in seçim kampanyalarının hepsini ziyaret etmesi ve bunları Londra'da bulunan kendisine raporlaması için görevlendirmişti. Bu kokuyu nasıl alabilmişti? Hele de Almanya'da siyasi liderlerin bu acemi çaylağı ciddiye almaktan çok uzak olduğu, hatta karikatür tip olarak alay bile ettiği bir dönemde.

Rudolph'un görevi gizli servisin başı olan babası tarafından ayarlanmıştı, bu yüzden resmi olarak hiçbir şekilde ortaya çıkmaması gerekiyordu. Bu nedenle oğlu, Münih'teki Hanfstaengl Ailesi'nin yanına kendi haklinde bir özel kişi olarak yerleşmişti.

Hanfstaengl

Hanfstaengl İngilizceyi mükemmel bir şekilde konuşuyordu. Birinci Dünya Savaşı'ndan önce New York'un en önemli galerisine sahipti ve orada uzun yıllar yaşamıştı. Amerika Birleşik Devletleri, 1916'da Alman İmparatorluğu'na savaş ilan ettiğinde kendisi ve ailesi tutuklanmış, sadece Alman olmasından ötürü tüm mülkiyeti tazminatsız şekilde "düşman varlıkları" olarak kamulaştırılmıştı. Serveti ona hiçbir zaman geri verilmedi. Bu arada ABD'de, Kanada'da, Avustralya'da yaşayan Almanlarla, Afrika'daki Alman kolonilerindeki bulunan çiftçiler için de durum farklı değildi.

Bu haksızlık Hanfstaengl'i çok öfkelendirmişti ve onu Hitler'in en hevesli takipçilerinden biri yapan ana sebep de buydu. İngilizce konuşabildiği için, Hitler'in İngilizce konuşan yabancılarla olan dış bağlantısını sağlıyordu.

Hotel Continental

Hitler'in partisinin %37'lik seçim zaferinden hemen sonra, Churchill, oğlu ve Hanfstaengl'in kolayca ve tamamen gayri resmi olarak aracılık etmesiyle, Hitler ile görüşmek istemişti. Görüşme, sanki tesadüfen olmuş gibi gerçekleşmeliydi.

Churchill, o zamanlar atalarından Marlborough Dükü John Churchill hakkındaki tarihi bir eser yazmakla meşguldü. Söylenene göre atasının o meşhur Höchstädt savaşı üzerine araştırmalar yapıyordu. Marlborough dükü, orada , Prens Eugene'le birlikte Güneş Kral Louis XIV'ü o kadar yıkıcı bir şekilde yenmişti ki, onun Avrupa'daki üstünlüğü son bulmuştu.

Münih'e geliş sebebi de işte bu araştırma olarak belirtilmişti. Eşi Clementine'i de yanında getirmişti, yani bu tümüyle şahsi bir seyahatti.Hitler, her siyasi etkinlikten sonra düzenli olarak akşam saatlerinde Continental'a gelirdi ve oğul da dahil olmak üzere, Churchill ailesinin akşam yemeği yediği bir esnada, Hitler tesadüfen yemek salonunun kapısından içeri bakacak ve şaşkınlıkla Churchill'in orada olduğunu fark edecekti. Basın, Churchill'in Münih'te olduğu konusunda bilgilendirilmemişti.

Alman - İngiliz İş Birliği Mi?

Churchill'in "bavulunda ne olduğu", bir bilmeceydi. Hitler'in "Mein Kampf" kitabında ima ettiği gibi bir Alman - İngiliz iş birliğinin o zamanlar İngiltere'de epeyce taraftarı vardı, o zamanki İngiliz Kralı VIII. Eduard da buna hazırlanıyordu. Almanya, kıta üzerindeki düzeni sağlamalı, yani Marksist-komünist Bolşevizm ile savaşmalı, İngiliz İmparatorluğu da dünya denizlerinin özgürlüğünü garanti etmeliydi.

Churchill, belki de Hitler'in bir Stalin Bolşevizmi ile ne ölçüde başa çıkabileceğini yoklamak istemişti.

Kaçırılan Fırsat

Churchill ailesinin akşam yemeği bitmişti, hatta tatlı da yenmişti, ancak Hitler hâlâ kararlaştırıldığı gibi içeriye bakmamıştı. Tercümanlık vazifesi yapması gereken Hanfstaengl, beklenmedik bir olayın gerçekleştiğinden şüphelenmiş, telefon etmek üzere resepsiyona giderken, lobide Hitler'le burun buruna gelmişti. "Tanrı aşkına! Neden gelmiyorsunuz? Churchill sabırsızlanmaya başladı". Ancak Hitler'in gelmeye niyeti yoktu. "Burada toplum içinde görünmeyeceksiniz." Ama Hitler fikrini değiştirmişti. Bu görüşmeye kendisi onay vermişti ama patlamasına neden olan da yine kendisiydi.

Soru

Bu aşağılamanın nedeni neydi? Aşırı bir antipatinin ifadesi hluçşlşı miydi? Hitler için Churchill her zaman "ayyaş bir gazeteci" idi. Bilindiği gibi, ömrü boyunca Churchill'in alkol problemi olmuştu.

Ya da bu, Hitler'in tüm seçim kampanyasının Baron Rothschild tarafından finanse edildiğinin açığa çıkabilecek olmasından kaynaklanan bir korku muydu? Hanfstaengl'in Hitler'in partisi için İngilizce konuşulan dünyadan sermaye ve bağış topladığı biliniyordu ve Churchill'in oğlunun, hiçbir yerde görünmemeleri için parayı nakit olarak Hanfstaengl'e teslim ettiği söylentisi yayılmaya başlamıştı.

Hitler'in partisini devralması esnasında - partiyi kendisi kurmamıştı - partinin kasasında 6 Mark ve 12 Fenik vardı. Üye sayısı asgari düzeydeydi. İddiaya göre Hitler'in partiye üye kayıt numarası 555 (şeytanın sayısını) idi. Ancak, 1932'de Münih'te şimdiki gösterişli parti merkezi inşa edilmişti bile. Bu para nereden gelmişti? Yahudi Rothschild, Yahudi düşmanı Hitler'i finanse mi etmişti? Bu gerçekse, Hitler'in yandaşları liderlerini asla affetmezlerdi.

Antisemitizm

"Ama Yahudi Rothschild'in antisemitizmi finanse etmesi çok absürt" diye itiraz ettim. "Görünüşte öyle," diye karşılık verdi

Houston. "Ama eğer Rothschild'in pek çok modern Yahudi gibi bir ateist değil de, Ortodoks bir Yahudi olduğunu, Yahudi halkının kimliğini eninde sonunda ortadan kaldıracağı için, Almanlarla Yahudilerin asimilasyonunu son derece kritik öneme olarak gördüğünü düşünürsen, belirli bir miktar antisemitizmin onun için epeyce arzu edilir olması anlaşılabilir."

Yahudiler ve Almanlar

O dönemde Almanya'da Yahudiler ve Almanlar arasında benzersiz bir ilişki vardı. Başka hiçbir yerde bu kadar çok "karma evlilik" yoktu. Yahudiler başka hiçbir yerde yazar, piyanist, keman virtüözü ve aktör olarak kendilerine bu kadar fazla yer bulmamıştı. İnanılmaz derecede zengin bir Yahudi üst sınıfı vardı; hatta Thomas Mann seviyesindeki bir yazar bile, Yahudi bir bankacının kızı olan zengin Katja Pringstein ile evlenmekte sorun yaşamamıştı.

Göç Kısıtlaması

Rothschild'in arzu ettiği bir yan etki de, uğradıkları ayrımcılık nedeniyle birçok Yahudi'nin göç etmek zorunda kalmasıydı ve ve Rotschild onların İsrail'e gitmesini istiyordu.

Ancak Yahudilerin çoğu, ABD'ye gitmek istiyordu. Bu nedenle, Rotschild, Franklin Roosevelt ile Yahudi göçmenlerin kotasının yarıya indirilmesi hususunda anlaşmıştı. Yılda 60.000'den 30.000'e.

Bu esnada trajik olaylar da yaşanmıştı; mesela Anne Frank'in ailesi, annesinin Cumhurbaşkanı'nın eşi Eleanor Roosevelt'in yakın akrabası olmasına rağmen, ABD'ye giriş izni almamıştı.

Hitler'i Öldürmek

Churchill bu aşağılamaya nasıl bir tepki vermişti? "O kadar öfkeliydi ki, her politik kararın tek amacının Hitler'i öldürmek olduğunu ilan etmişti. "Hitler'i öldürmek ilgilendiğim tek şeydi ve bu her şeyi çok kolay hale getirdi". Beni şahsen görmek için eline eşsiz bir fırsat geçmişti. Bu fırsata bir daha asla sahip olamayacaktı ve bu gerçekti.

Hitler, daha sonra Almanya başbakanı olduğunda, Churchill'i Berchtesgaden'deki dağ çiftliğine 2-3 kez davet etmişti. Churchill bu davetlere bir kez bile cevap vermemişti. Aşırı bencil biri olan Churchill, bu kışkırtmayı gizleyemedi ya da gizlemek istemedi. 20. yüzyılın iki can düşmanı, birbirlerini şahsen hiç görmediler.

Doğaüstü

Bir insan hakkında olumlu düşüncelerin bir anda tümüyle olumsuz hale gelmesini açıklamak çok zordur. İnsanlığın kurtuluşunun, Churchill için daha 1932'de bile Hitler'in yok edilmesiyle ilişkilendirilmesi, oldukça şaşırtıcıdır. Hitler o zamana kadar henüz hiçbir siyasi görev üstlenmiş olmadığı için, o efsanevi zulümlerini uygulama fırsatı da bulamamıştı.

Belki de bazı bilinmeyen güçler arka planda etki ediyorlardı. Bu, ezoteriklerin seveceği türden bir hikâyeydi. Birinci Dünya Savaşı sırasında iki ezeli düşman, Flandern cephesinde ki karşılıklı siperlerde aynı anda karşı karşıya durmuşlardı.

Churchill, Gelibolu felaketinden sonra istifa etmek zorunda kalmıştı. Yeniden sempati kazanmak için cepheye gitmek üzere asker olmaya gönüllü olmuştu. Elbette ki askerliğini yapmak üzere cephe hattının çok gerisindeki asker gazinosunu da seçebilirdi; ancak orada alkol yasağı vardı ve bu yüzden siperlerdeki erlerin basit yaşamını tercih etmişti. Ne de olsa onların cesaret toplamak için bol bol içki içtiğini biliyordu.

Churchill, parmak uçlarına kadar materyalist olduğunu ileri sürmüş olmasına rağmen, Crowley'nin kendisini kara büyü ile tanıştırmasına izin vermişti. Crowley, o meşhur zafer işaretinin, aslında kol uzatılan Hitler selamına karşı sihirli bir işaret olduğunu öne sürmüştü ve aslında anlamı zafer değildi, çift boynuzlu Baphomet'in işaretiydi.

Churchill siperlerde bir çeşit vizyon gördüğünü söylemişti, tarihsel düşmanı karşı taraftaki siperlerin içindeydi; ancak o zamanlar henüz küçük bir buzağıydı ve Churchill'in onunla savaşabilmesi için önce büyüyüp güçlü bir boğa olması gerekiyordu.

Karşı Tarafta

Hitler, on arkadaşı ile siperlerde otururken, iradesinden daha güçlü bir baskının, kendisini siperlerin bitişik kısmına gitmeye zorladığını anlatmıştı. Yan tarafa daha yeni geçmişti ki, az önce bulunduğu sipere bir el bombası düşmüş ve geri döndüğünde on arkadaşının tümünün öldüğünü görmüştü. Bu, Hitler için mücadelesinin kişisel bir mesele olmadığının, bu savaşta hayatta kalmak için kader tarafından seçildiğinin bir kanıtıydı.

Thames Terasları (2.3)

Londinium

Öğlen yemeği için Thames Terasları'na gitmek istedik. Orada yerel ve uluslararası mutfakları olan harika restoranlar bulunuyordu. Burası aynı zamanda Romalıların yerleşmek için seçmiş olduğu, Londra'nın çekirdeğini teşkil eden, tarih yüklü bir yerdi. Duvar kalıntıları bugün bile görülmektedir.

Bundan bin yıl sonra Norman fatihler kaleyi ve kraliyet sarayını, yani Kuleyi inşa etmişti. Kule, bugün bile sade zarafetiyle büyüleyicidir. Burası, meditasyon yapılacak bir yerdir. Ayrıca, oraya yürüyerek de gidebilirdik. Houston yolda bana daha başka hikâyeler de anlattı, kelimeler sanki içinden taşıyor gibiydi. Bir anahtar kelime yeterliydi, buradan koca bir hikâye ortaya çıkıyordu.

Satirik Şarkı

Fransızların Höchstädt'taki yenilginin intikamını nasıl aldıklarını biliyor musun? Marlborough'u her çocuğun daha anaokulunda öğrendiği satirik bir şarkıda alay konusu yapmışlardı.

Marlborough s´en va-t-en guerre
Il a mis ses culottes à l´envers

Marlborough savaşa gider; ama pantolonunu bile tersine giyer. Nasıl bir kahramansa, pantolonunu bile doğru düzgün giyemez.

Sevgili arkadaşım, bir şeyleri birbirine karıştırmadın mı? Bildiğim kadarıyla o "le bon roi Dagobert, qui a mis ses culottes à l´envers?" şeklindeydi.

Prens Eugen

Güneş Kral'ın muhtemelen canını asıl yakmış olan şey, Avusturya birliklerine liderlik eden Prens Eugen'in, İngiliz ordusuyla birleşerek kendisini yenilgiye uğratmış olmasıydı. Prens Eugen aslında askeri kariyerine XIV. Louis'in emrinde başlamak istemişti. Ama kral, Prens Eugen'le dalga geçmişti: "Böyle çelimsiz bir çocuğun benim kraliyet ordumda işi olamaz."

Bunun üzerine genç prens kendisini Viyana'daki Habsburg İmparatoru'na takdim etti ve sadece Türklere karşı değil, aynı zamanda Fransız imparatorluğuna karşı da savaşan en büyük generallerden biri oldu.

Prens Eugen, Avrupa'nın hükümdar ailelerinin tümüyle akrabalığı olan bir hanedandan geliyordu. Bu yüzden imzasını mağrur bir şekilde, üç ayrı dilde atardı. Ön ismini İtalyanca Eugenio'ydu, asalet unvanı olan "von"u Almanca, Savoy'u da Fransızca yazardı. Aslında ilk Avrupalı olduğu bile söylenebilirdi.

Höchstädt

Böyle büyük zaferler, tabii ki buna uygun olarak belgelenmelidir. Bu nedenle tarih yazarları, bütün ordulara meydan muharebelerinde eşlik etmiştir. Bu savaşların yüzlerce yıl sürmesi gereken şöhretleri, sadece yazılı bir kayıtla garanti altına alınabilirdi. Bu memurlar, İngiliz ve hatta Fransız krallarının en çok ödeme yaptıkları kişiler arasında yer alıyordu. Yıllık maaşları, generallerinkine tekabül ediyordu.

Ancak Höchstädt Savaşı'nda bu tarih yazarlarının uzmanlıkları ciddi bir sınava tabi tutulmuştu. Üzeri çift noktalı olan ö ve ä seslerinin İngilizce karşılıklarını tam olarak verememişlerdi. Buna ek olarak İngilizcede olmayan ch sesi ve kelimenin tam ortasındaki o korkunç bir scht sesi vardı, tıpkı Hamburglularda olduğu gibi, İngilizlerin de dilleri burada birbirine dolanıyordu. Böylece çaresizlik içinde, civarda İngilizce telaffuzu daha kolay olabilecek başka bir yerin bulunup bulunmadığını araştırmaya başlamışlardı. Ve civarda Suabiya Blendheim'i (Höchstädt Tuna üzerinde, Ulm yakınlarındadır) isminde bir köy vardı. Blendheim, bu tarih yazarları tarafından Blenheim olarak verilmişti. Yani sadece d sesini duymazdan gelmişlerdi.

Böylece bu dil problemini kendileri için epey kabul edilebilir bir şekilde çözmüşlerdi. Yani bu, İngilizler için Blenheim savaşıydı. Bu yüzden, İngiliz Kralı'nın muzaffer generaline teşekkür etmek için hediye ettiği sarayın adı da budur.

Blenheim Sarayı

Bu muhteşem saray, günümüze kadar her zaman Marlborough Dükü'nün ilk doğan torununa miras olarak bırakılmıştır. Babası üçüncü sırada bulunduğu ve saray ona ait olmadığı halde, Churchill bu sarayda doğmuş olmaktan çok gurur duyardı. Churchill için orada dünyaya gelmiş olmasının sembolik bir anlamı vardı ve dolayısıyla bir anlamda Marlborough'nun gerçek halefi olmuştu.

Büyük Balo

Churchill'in en büyük ağabeyi, her sene tüm akrabalarının davet edildiği büyük bir balo düzenlerdi. Hayat dolu, dikkat çekici güzellikte genç bir kadın olan Churchill'in annesi, altı ay önce Churchill'in babası Randolphe ile evlenmişti ve elbette böyle büyük bir baloyu kaçırmak istemiyordu. Her zaman yaptığı gibi tutkuyla dans ederken aniden doğum sancıları başlamıştı ve kendisini tuvalete zorlukla atabilmişti.

Küçük Winston ani bir erken doğumla dışarı fırlarken annesi son anda klozete oturabilmiş ve son anda onu ayaklarından yakalayarak lağım çukuruna düşmesine engel olmuştu.

Houston'un sözünü kestim ve şöyle dedim: "Bu noktada bir şairin hayal gücü seni etkisine almış olmalı." "O zamanlar böyle bir sarayda mutlaka su sistemine sahip bir tuvalet olması gerekir."
"Haklısın, ancak gerçek şu ki, küçük Churchill soylu bir sarayda, ancak yine de soylulara pek de münasip olmayan bir yerde dünyaya gelmişti."

Tabii bir de bu erken doğumun gerçekten de hamileliğin altıncı ayında gerçekleşip gerçekleşmediği meselesi ortaya çıkmıştı, çünkü düğün tarihi bundan daha eski değildi. Jenny'nin düğünde üç aylık hamile olduğu, artık resmen kabul edilmektedir. Tuvalet de resmi olarak bir gardıroba ya da giriş holüne dönüştürülmüştü.

Frengi

İkinci bir soru ise Randolphe'un Churchill'in gerçek babası olup olmadığıdır. Genel olarak bilindiği gibi, kendisini genç kızlar için arzulanan bir partner yapmayan bir hastalığa sahipti. Churchill'in annesi yeniden hamile kaldığında, hastalığından ötürü genç yaşta hayatını kaybetmiş olmakla birlikte, Randolphe hâlâ hayattaydı, ancak ikinci çocuğun babasının o olmadığı resmen kabul ediliyordu.

Yani Churchill'in bir yarı kardeşi olmuştu. Ancak Winston Churchill'in biyolojik babasının da, annesinin kocası olmadığı söylentisi yayılmaya başlamıştı. Churchill'in bunu bilip bilmediği belirsizdir. Yine de reşit olduktan hemen sonra, onu yetiştirmesi ve siyasi eğitim almasını sağlaması için, derhal ABD'de bulunan Cockran'ın yanına gönderilmişti.

Cockran, zamanının en önemli Amerikalı politikacılarından biriydi. Dört defa başkan adayı olmuştu ve her seferinde kıl payı kaybetmişti. Ayrıca çok tanınan bir yazardı ve Churchill onu büyük rol modellerinden biri olarak görüyordu; tıpkı İngiltere'nin büyük politikacısı ve önemli yazarı Disraeli gibi.

Churchill aslında bu kişilerin ikisiyle de kıyaslanabilir, çünkü bir gazeteci ve yazar olarak, siyasi görevleri haricinde de büyük işler başarmıştı. Edebiyat alanında Nobel Ödülü'nü almış olması bir tesadüf değildi.

Vaftiz Şarkısı

Houston, bir aralar Douglas'la birlikte bir müzikal yazmayı aklından geçirdiğini itiraf etti. Bu müzikalde, başka olaylarla birlikte bu durumu alaycı bir şekilde anlatmayı düşünmüştü.

Cockran'ı gayrimeşru bir çocuğun neden olacağı rahatsızlıklardan uzak tutmak için, ki bunun böyle olacağı ABD'de kaçınılmazdı, Baron von Rothschild, en yakın çalışma arkadaşı Randolph Churchill'den, arkadaşını bu beladan kurtarmasını ve Jenny ile evlenmesini rica etmişti.

Bütün bu olanlar, müzikalde bir dörtlükle özetlenmeliydi.

Horozuyla ilk koşan, Cockran oldu
Sonra sıradaki Bay Baron'undu
Sadece kocasının durumu kritikti
Çünkü onun horozu frengiliydi

Douglas bunu üç sesli bir koro şarkısı şeklinde bestelemişti, buna vaftiz şarkısı adını vermişti ve İngiliz askerlerinin söylediği Kwai Nehri şarkısının melodisini kullanmıştı: Hitler has got only one ball (Hitler'in torbasında sadece tek yumurta var).

Randolph, Kraliçe Victoria üzerindeki etkisini kullanarak, Baron von Rothschild'in baron asalet unvanını almasını da sağlamıştı, üstelik Victoria'nın bir Yahudi'nin soyluların arasına kabul edilmesinin imkânsız olduğunu düşünmesine rağmen.. Randolph'un buna şu şekilde karşılık verdiği söylenir: "Majesteleri, eğer onun parası olmasaydı, dünya imparatorluğunuzu yönetemezdiniz."

Baron von Rothschild o zamanlar dünyanın en zengin adamıydı. Ayrıca Jenny için de büyük bir sevgi beslediği söylenir. Hatta yalan haberlerde, onun Churchill'in babası olduğunu okumak bile mümkündü.

Aynı yalan haberler, onun aynı zamanda Adolf Hitler'in de babası olduğunu iddia etmişti. Böylece iki ezeli düşman, üvey kardeş olmuşlardı. Siyasi görüşleri, aslında birçok yönden birbirine benziyordu. Sosyal Darvinizmleri ve güçlü olanın haklı olduğuna dair inançları, onları hiçbir şekilde birbirinden ayırmıyordu.

Kule (2.4)

Fatih William

Bu arada nehir boyunca ilerleyerek Kule'ye yaklaşmıştık. Burası, Houston için de Londra'daki en sevdiği yerlerden biriydi. Teraslardan hem dört zarif kulesi bulunan kaleyi ve Tower Bridge'i hem de oradan akan geniş Thames nehrini gören harika bir manzara vardı. Orta çağa kadar hapishane olarak kullanılan, bugün bir müze olan bu yapı, burasını inşa ettiren, kale ve kraliyet sarayı olarak kullanan Fatih William'ın bin yıl boyunca yaşanmış hikâyeleriyle doluydu.

VIII. Henry

VIII. Henry ikinci karısı Anna Boleyn'i orada idam ettirmişti. Anna, Büyük Elisabeth'in annesidir. Henry, Roma kilisesinden onun yüzünden ayrılmıştı. İlk karısından ayrılmak için Papa'nın rızasını alamadığı için, Luther'le yaptığı uzun bir yazışmadan sonra bu kararı almıştı. Böylece, Kraliçe Elizabeth'in bugün de olduğu gibi, en yüksek ruhbanı olduğu Anglikan Kilisesi'ni kurmuştu. Artık Papa'nın iznini alması gerekmiyordu.

Dördüncü karısı Katherine Howard'da burada idam edilmişti.

Leydi Jane Grey

Dokuz günlük kraliçe Leydi Jane Gray'in kafasının kesilmesi, gerçekten de son derece etkileyiciydi. Onun kaderi tüm Avrupa'yı duygulandırmıştı. Hatta Alman yazar Fontane bunu anlatan bir balad yazmış ve birçok şair onun kuledeki idamıyla ilgili eserler kaleme almıştı.

Kuledeki son mahkum, 1941'de Rudolf Hess'ti.

Yeomen gardiyanları bugün bile o zamanlar olduğu gibi kırmızı bordürlü siyah, şık üniformalarını giyerler, hem de sadece festivallerde değil, her gün. Gardiyanların halk arasında popüler olan Beefeater ismini taşıyan, kaliteli bir cin markası da vardır.

Kuzu ya da Koyun Eti

Aperatif olarak, alışılmış olmasa da, kendimize bu cinden ısmarladık. Restoranın ismini unutmuştum: Cutty Sark, Coppa Club ya da Byward Kitchen. Her halükârda, muhteşem bir konuma sahipti. Yemeğimiz, seçkin ve tipik İngiliz'di. İngiliz mutfağının iyi bir şöhreti yoktur, ancak İngilizler kuzu etini başka hiçbir yerde olmadığı gibi hazırlayabilirler. Kiraz büyüklüğünde ızgara domateslerle süslü pirzolalarımız mükemmeldi.

Houston için bu yemek de bir hikâye anlatma fırsatıydı. Halkımızın tarihi, lisanda da yaşamaya devam ediyordu. Normanlar İngiltere'ye yeni fatihler olarak geldiğinde, aslında Cermen olmalarına rağmen, Normandiya'da bir azınlık olarak yaşadıkları sürede, orada konuşulan eski bir Fransız lehçesini benimsemişlerdi. Hizmetçiler ve uşaklar elbette atalarının

Anglo-Sakson dilini muhafaza ederken, egemen sınıf bu eski Fransızca lehçesini yüzyıllar boyunca konuşmaya devam etti.

Yani koyunlar ve kuzular meradayken Sheep ve Lamb olarak adlandırılıyorlardı; ancak efendilerin sofralarına yemek olarak servis edildikleri anda, Mutton olarak anılıyorlardı ki, bunun Fransızcası Mouton'du. Danalar Fransızcası Veau olan veal, inekler Fransızcası boeuf olan beef oluyordu. Masa, "table" kelimesine dönüşmüştü ve İngilizcesi "dish" olan masa kelimesi artık öğün, yemek anlamına gelmeye başlamıştı.

Aslan Yürekli Richard

Haçlı Seferleri'nin büyük İngiliz ulusal kahramanı olan Richard Coeur de lion, Aslan Yürek, hâlâ bu eski Fransız lehçesini konuşuyordu. Normandiya da o zamanlar tıpkı Akitanya gibi, İngiltere'ye aitti. Ancak ulusal bilincin yükselmesiyle birlikte, İngilizler kıtadaki bu Fransız varlıklarını kaybetmişti. Bunun gerçekleşmesi için de Yüzyıl Savaşları'nın patlak vermesi gerekmişti.

Bu aşırı uzun savaşın son aşaması, Orleans'ın bakiresi, ulusal azize Jeanne d'Arc tarafından başlatılmıştı.
"Qu´ Anglais brûlèrent á Rouen"
İngilizler onu Rouen'de yakmıştı, o zamanlar burası İngiliz hâkimiyetindeydi.

Gelenek ve tarih, tek bir yerde toplanmıştır. Fransa'daki ve İngiltere'deki çocuklar, artık ulusal kahramanlarını ve tarihlerini tanırlar ve bununla gurur duyarlar. Almanya'da ise genç bir kişi şu anda sadece Dachau ve Auschwitz'de toplama kampları olduğunu öğrenir.

Uzun yıllar sonra yeniden görüşmek (2.5)

Cynthia

Akşamı dört gözle bekliyordum. Houston'un evinde bir araya gelecektik. Nice'deki gençlik arkadaşlarım geleceklerine dair söz vermişlerdi ve bunca yıldan sonra nasıl göründüklerini çok merak ediyordum. Acaba onları tanıyabilecek miydim? Ya da onlar beni?

Kapıdan ilk giren Cynthia oldu. Her zamanki gibi güzeldi. Beni dudaklarımdan öperek selamladı. O zamanlar Nice sahilinde, beni bir delikanlıdan bir erkeğe dönüştürdüğünü, belli ki o da unutmamıştı.

Sonra, o zamanlar bir altın çocuk olan, hâlâ da çok iyi görünen, yakışıklı partneri Charles geldi. Müzisyenimiz Douglas,az da olsa gecikti. Peki ya kesinlikle özgür olmak, bağımsız olmak, hiçbir zorunluluğu kabul etmemek yolundaki gençlik ideallerimiz ne durumdaydı? Gençken işler gayet iyi gitmişti, fakat yaşlanınca bunlara uymak giderek zorlaşmıştı.

Bir meslek, maddi olarak da, hayatın belkemiğidir. Fakat arkadaşlarımın hiç biri, düzenli çalışma saatleri ve sabit bir gelir peşinde koşmamıştı. Bu da çok varlıklı ailelerden geldikleri ve miraslarıyla yaşayabildikleri için mümkün olmuştu.

VIII. Edward

Cynthia'nın annesi, VIII. Edward'ın kraliyet sarayında çalışıyordu. Tıpkı Edward gibi, Cynthia'nın ailesi de, İngiltere'deki kamuoyunun genel yargısının aksine, son derece Alman dostuydu. Bu geceki arkadaşlarımın hepsi Alman dostuydu, aksi takdirde bir Alman olarak beni aralarına kabul etmezlerdi. Bu akşamki sohbet de sürekli olarak Alman - İngiliz ilişkileri etrafında dönüp durdu.

Önce Cynthia anlatmaya başladı. VIII. Edward'ın tam anlamıyla bir Hitler hayranı olduğunu söylüyordu. Kral, Hitler'i Almanya'da birden fazla defa ziyaret etmişti. İngiltere'de monarşiyi ortadan kaldırmak isteyen Marksist - Leninist faaliyetler onu oldukça endişelendirmişti. Hitler, Almanya'daki bu kuru gürültüye son vermişti ve geleceğe dair vizyonu, Almanya'nın kıtada düzeni tesis etmesi, yani Stalin Bolşevizmine karşı savaşması ve büyük imparatorluk olarak İngiltere'nin dünya denizlerinde serbestçe gemi seferi düzenlemesini garanti etmesiydi.

Çünkü ona göre sadece beyaz ırk, sömürgelerdeki bağımsızlık hareketleri yüzünden parçalanma tehlikesiyle karşı karşıya kalan dünya düzenini yeniden tesis edebilirdi.

Yakın bir zamanda, VIII. Edward'ı beş yaşındaki küçük yeğeni Elisabeth'e Hitler'in selamını öğretirken gösteren bir video ortaya çıktı. Şu anda basının programında kraliyet ailesine karşı bir kampanya başlatmak yer almadığı için, bu bir devlet meselesine dönüştürülmedi.

Bu film Wallis Simpson tarafından çekilmişti. İki yıl sonra, VII. Edward kraliyet ailesinin bir fotoğrafını çekmişti. Bu fotoğrafta, Ana Kraliçe'nin bile Elisabeth'le birlikte Hitler selamı vermek için elini kaldırdığı görülür. Sonrasının VI. George'u, küçük Margret'e doğru eğilmiştir.

Ancak kralın "Ben kral olduğum sürece Almanya'yla savaş olmayacak!" sözleri, savaşan bütün tarafların özellikle de Churchill'in, onu tahttan indirmek için bir yol aramaya başlamalarına neden oldu.

Wallis Simpson

"Görevden alınma" ya da kralın zorla tahttan indirilmesi için kullanılan vasıta, boşandıktan sonra çok zengin bir iş adamı olan Simpson ile evlenmiş olan Amerikalı aktris, Bayan Wallis Simpson'dı. VIII. Edward ondan son derece hoşlanmış ve kendisine metres yapmıştı. Kocası tüm yıl boyunca dünya başkentlerine iş gezilerine çıkıyordu ve bu şehirlerin her birinde birkaç sevgilisi vardı.

Hatta bu dünya imparatorluğunun kralının ve Hindistan imparatorunun, kendi karısını çekici bulmuş olması gururunu dahi okşamıştı, kral da, bir koca olarak eşinin müsrif hayat tarzı için ödeme yapmaya devam etmesinden ötürü ona minnettardı. Bayan Simpson, kralın kendisini boğduğu değerli mücevherlerle hayatını sürdüremezdi ve bu yüzden boşanmayı aklına bile getirmiyordu. Evlilik ona daha fazla güvenlik sunuyordu.

Zaten hiçbir şeyden eksik kaldığı yoktu, hatta Kral onu Buckingham Sarayı'ndaki kutlamalara bile resmen yanında getiriyordu.

Kraliçe Mary

Ancak kralın çok zarif olan ve kurallara önem veren annesi, Kraliçe, bu durumun konumlarına yakışmadığını düşünüyordu.

Onun olduğu yerde, Wallis Simpson'ın ortalıkta görünmesine izin verilmiyordu. İlkin, kadın asilzade değildi, ikincisi, İngiliz bile değildi, ayrıca hâlâ evliydi ve ilk kocasından da henüz ayrılmamıştı.

Ayrıca VIII. Edward onu asla kraliçe yapamayacağını biliyordu; çünkü Anglikan Kilisesi'nin ruhani lideri olarak boşanmış bir kadını yanında bulundurması mümkün değildi. Hele de boşandığı kocası hayattayken, asla.

Zaten VIII. Edward onunla evlenmek niyetinde değildi. Bunu neden isteyecekti ki? Birlikte mutlu ve hoşnut şekilde yaşıyorlardı. Hiçbir eksikleri yoktu.

Rakip

Bir kralın esasında yeni taht varisleri üretmesi için evlenmesi gerekiyordu. Bu, Wallis Simpson ile imkânsızdı. Savaş isteyen taraf, kralın Almanya'ya karşı bir savaşı kesinlikle yasaklamasından ötürü, gönüllü olarak tahttan çekilmediği takdirde, Wallis Simpson'a karşı tüm krallığı riske atacak ve monarşiyi tümüyle ortadan kaldırabilecek bir basın kampanyası düzenleme tehdidinde bulunmuştu.

VIII. Edward'a, Rus Çarı ve ailesine Saint Petersburg'da olanlar hatırlatıldı. Tahttan indirilen Çar, İngiliz kuzeninden kendisine ve ailesine İngiltere'de sığınma hakkı vermesini istediğinde, babası V George'un ona önceden vermiş olduğu söz bile yerine getirilmemişti. Alman imparatoruna karşı verilen savaşta, Çar'ın ve Rusya'nın İngilizlerle ittifak halinde olmasına rağmen, kuzenini ve ailesini kabul etmesine izin verilmemişti.

Ayrıca V. Georg, kulağa fazla Almanca gelen Sachsen-Coburg-Gotha ismini de, Windsor olarak değiştirmeye zorlanmıştı.

Basın Skandalı

VIII. Edward'ı bekleyen basın skandalının bir ön gösterimi olarak, gazetelerde Wallis Simpson'un Buckingham Sarayı'ndaki masalarda, tamamen dolu salonların önünde çıplak dans ettiği skandalı yer almıştı.

Bu haberlere göre Simpson Şanghay'daki genelevlerde çalışmış ve orada en sofistike cinsel uygulamaları öğrenmişti, bu da kralın ona olan zaafını açıklıyordu.

Bunların hiçbiri gerçek değildi. Gazeteler daha sonra bunların hepsinin hayal ürünü olduğunu kabul etmek zorunda kalmış olsalar da, etkisi muazzam olmuştu. İngilizler, böyle bir kralı ve böyle bir kadını başlarında istemiyorlardı.

Suikast

"Krallar mahkeme kararlarıyla değil, suikastlarla bertaraf edilir". Bu, Churchill'in 16. 07. 1936 tarihinde Kral VIII. Edwrad'ı ortadan kaldırmaya karar verdiğindeki görüşüydü. Bilhassa Churchill'in arkadaşı olan, Amerika'nın en büyük gazete patronu Hearst'in köpürttüğü bu skandallara rağmen, Edward tahttan vazgeçmek niyetinde değildi.

Askeri istihbarat servisi MI5 "çift bağlı" taktiğini kullanmıştı, yani, halkın düşman tarafından geldiğini düşünmesi için, kendi yetiştirdikleri bir suikastçıyı ihanet etmiş gibi göstereceklerdi. Böylece suikasttan kısa bir süre önce, Jerome Branningham'ın İrlanda'nın IRA örgütüne sızması sağlanmıştı. Kralın hayatını koruyan yerel polis durumdan bilgilendirilmediği için, suikast ters gitmişti. Ama kral o kadar korkmuştu ki, tahttan çekilme belgesini derhal imzalamıştı.

Tahttan Çekilme

Kral, güçsüzdü. Ne basının, ne de gizli servisin karşısında şansı vardı. Böylece kardeşi VI. George lehine tahttan çekilmek zorunda kalmıştı. Fakat onun da önce Almanya'ya karşı verilecek bir savaşı destekleyeceğini garanti etmesi gerekmişti. Gerçi o da böyle bir savaşın İngiltere'nin çıkarına olmadığı fikrindeydi, ancak Alman rekabetini ortadan kaldırmak isteyen Amerikalı ticaret liderleri ve Wall Street'teki yüksek finans çevreleri, farklı düşünüyordu.

VI. George'un krallığı isteksizce kabul etmesinin bir başka nedeni, kekeme olmasıydı. Onun için toplum önünde konuşma yapmaktan daha kötü bir şey yoktu. Ancak, başka çaresi de yoktu.

Kral'ın Konuşması

Kral, bir konuşma öğretmeninin yardımıyla ve büyük bir çaba göstermek suretiyle, hatasız bir konuşma kaydetmeyi başarmıştı. Bu tarihi "King's Speech" konuşması, internet üzerinden orijinal sesi ile her zaman bulunabilir. Bunun bir filmi de vardır. Konuşma, savaşın çıkmasından birkaç hafta önce kaydedilmiş, böylece Danzig'teki ilk silahlı çatışmadan hemen sonra gönderilebilmişti.

Tahttan çekilme belgesinin tüm kardeşler, yani VIII. Edward, yeni Kral VI. George ve en genç kardeş olan Kent 1. Dükü tarafından imzalanması gerekiyordu. VIII. Edward, eşiyle birlikte sürgüne gitmek zorunda kalmıştı. Yeni kral, sadece annesinin ölümü gibi aile olayları için onların İngiliz topraklarına girmesine izin verecekti.

Uydurma Masallar

Yüzyılın en büyük aşkına dair uydurulan bir masal, bütün dünyaya yayılmıştı: Bir kral, sevdiği kadınla evlenebilmek için tahttan vazgeçmişti. Bu versiyon günümüze kadar geçerli kaldı. Gerçek şu ki, dünyanın hiçbir ülkesindeki hiçbir kral bir metres yüzünden tahttan çekilmemiştir ve bu durumda da gerçek sebebin bu olmadığını biliyoruz.

Ancak Cynthia'nın anlattığı alternatif hikâyeyi dinleyen biri, resmi versiyondaki tutarsızlıkların farkına ilk defa varır. Tarihsel olayları nadiren kendi bakış açımızdan deneyimlediğimiz için, basının bize sunduklarına muhtacız. Hepsi tek bir yayıncıya ait olduğu için, tüm gazetelerde aynı şeyler haber yapıldığında, bunları yutmak zorunda kalırız. Basının manipülasyonu topyekûndur. Yanlış bilgi de aynen böyle verilir.

Sıra Dışı Bir Aile (2.6)

Mitford'lar

Cynthia'nın herkesten gizlediği bir başka şaşırtıcı hikâyesi daha vardı. Bize, akrabalığının bulunduğu çok sıra dışı bir aile hakkında bir şeyler anlattı. Bu, bir İngiliz asilzadesi olan David Freeman Mitford'un, yani 2. Redesdale Baronu'nun ailesiydi. Bu asilzade, İngiliz okullarından hiç mi hiç hoşlanmıyordu.

Birinci Dünya Savaşı'ndan sonra Birleşik Krallık'ta okulun halkı aptallaştırma aracı olduğu keşfedilmişti. ABD'de bu, başlangıçtan itibaren böyleydi. İkinci Dünya Savaşı'ndan sonra Almanlar da bu hedefi izlemişlerdi. Bu arada biz de uluslararası seviyeye ulaşmıştık, Almanya'da da neredeyse hiçbir öğrenci okuma ya da yazma bilmiyordu, aritmetikten bahsetmeye gerek bile yoktu.

Bay Baron ise oğlunu ve altı kızını kendi evinde özel öğretmenlerle yetiştirmişti. Böylece kendi soyundan gelen herkes, bağımsız ve kendisine has birer kişilik haline gelmişti.

Jessica, aristokrat çevrelerde oldukça nadir görülen bir şekilde, komünizme coşkuyla yaklaşıyordu. İspanya İç Savaşı'nda Komünist Enternasyonal ile birlikte Franco'ya karşı savaşmıştı.

Diana faşizm ideolojisine ilgi duyuyor, Mussolini ve Hitler'e hayranlık besliyordu. Hatta İngiliz faşistlerinin lideri Mosley ile evlenmişti.

Nancy, ünlü bir yazar olmuştu.

En gençleri Deborah, Devonshire'ın Düşesi olmak için yaptığı evliliğinden memnundu.

Thomas daha geleneksek bir şekilde Oxford'da eğitim görmüş ve hâkim olmuştu. Ancak, bekâr kalmıştı.

Pamela, Amerikalı bir milyonerin yanındaki sıkıcı yaşam yerine, maceraperest bir binicinin olayları ve skandallarını tercih etmişti. Bu nedenle Amerikalı kocasından boşanmıştı.

Unity ise, belki de bizim için en büyük sürpriz buydu, Hitler'in İngiliz sevgilisi olmuştu.

İngiliz Sevgili

Unity, 1934 sonlarında Münih'e seyahat etmişti. Orada, Hitler'in en sevdiği birahane olan Osteria Bavaria'da onunla karşılaşmak çok zor olmamıştı.

Bu, Fransızların dediği gibi, coup de foudre (ilk görüşte aşk) idi. Unity uzun boyluydu, 1,80 m, o zamanlar bir kadın için çok uzundu, sarışın ve mavi gözlüydü. Hitler için ideal bir asil Alman kadınıydı, ari bir kadın timsaliydi.

Sonradan Walküre olarak Almancalaştırdığı , ikinci ismi olan Valkyrie, Wagner hayranı Hitler için bir kehanet niteliğindeydi.

Unity, Redesdale'nin ilk baronu olan büyükbabasının Houston Stewart Chamberlain'ın metinlerini Almancadan İngilizceye tercüme ettiğini de anlattığında, Hitler artık ona mutlak bir hayranlık beslemeye başlamıştı.

Houston Steward Chamberlain

Her ne kadar H.S.C. bir İngiliz olsa da, gençliğinin büyük bir kısmını Fransa'da geçirmişti. Pek çok yılı Avrupa'nın her yerini gezerek geçirmişti ve en sonunda Richard Wagner'in kızı Eva Wagner ile evlendiği Almanya'nın Bayreuth şehrine yerleşmişti.

Yazılarını Almanya'da kaleme almıştı, hatta Almanya vatandaşlığına bile geçmişti. İngiltere'de, Unity'nin büyükbabasının ırk öğretisini ortaya koyduğu "19. Yüzyılın Temel Prensipleri" adlı eserinin çevirisi sayesinde, burada da yazılarında büyük bir başarı yakalamıştı. Bu yazı Hitler'in üstün ırkın dünya yönetimini ele geçirmesi gerektiğine dair inancının temel prensiplerini oluşturmuştu ve Hitler bu görevin Ari ırka, yani Almanlara ait olduğuna inanıyordu.Öte yandan, Churchill de bu teorilere tam anlamıyla inanıyordu, ancak, dünyanın hâkimiyetini ele geçirmesi gereken "en asil" ırk rolünü, Almanların üstlenmesine izin vermek niyetinde değildi.

Kıskançlık

Hitler, Unity Mitford'u sık sık Berchtesgaden'deki dağ çiftliğine götürürdü. Mercedes'ini Berlin'deki Olimpiyat Oyunlarına gitmesi için ona ödünç vermişti. Onu Bayreuth Wagner Festivaline davet etmişti. Evet, Avusturya, Almanya İmparatorluğu'na ilhak edilirken, Viyana Heldenplatz'ta onun yanında duruyordu.

Bu, Eva Braun'un hiç hoşuna gitmemişti. Braun, Hitler'in özel fotoğrafçısı Hoffmann'ın personeli kisvesiyle, dağ çiftliğinde yaşıyordu. Hitler, bu ilişkinin bilinmesini istemiyordu.

Braun'un kendisiyle toplum içinde görülmesine izin verilmiyordu. "Ben Almanya ile evliyim. Eğer bir sevgilim olursa, kadın destekçilerim beni asla affetmez."

Alman halkı, gerçekten de bu ilişkiyi ancak savaştan sonra öğrenebilmişti. Aynı zamanda Eva Braun'un kısırlaşmak zorunda kaldığını da öğrendi, çünkü Hitler, Führer olarak gayri meşru bir çocuğa sahip olmasının imkânsız olduğu kanaatindeydi.

Castro

Aklıma buna benzer bir şey gelmişti. Büyük devrimci Fidel Castro'nun Amerika'da yaşayan bir Alman sevgilisi vardı. Bu gerçek bir ilişki gibi görünüyordu ve sevgilisi hamile kaldığında, her iki taraf da buna çok sevinmişti. Ancak bir süre sonra özel hayatında aşk maceraları yaşıyor olmasının, devrimci yoldaşları tarafından pek de hoş karşılanmayacağını düşünmeye başlamıştı. Castro, zavallı kızın kaçırılmasını emretmiş ve Havana'daki bir klinikte kızın isteği dışında kürtaj yaptırmıştı.

Düğün

Ancak Hitler, Unity Mitford ile böyle bir problem yaşamıyordu. Unity, sevgi gösterilerinin tam ortasında duruyordu. Hatta, Hitler gibi bir adamın Alman değerlerini dünyaya kabul ettirmesi durumunda, İngiltere'nin bundan ne kadar fayda sağlayacağına dair konuşmalar dahi yapıyordu.

Kız kardeşi Diana'nın Mosley ile olan düğünü, Goebels'in Berlin, Grunewald'da bulunan villasında gerçekleşmişti. Kardeşlerin ebeveynleri İngiltere'den gelmişti ve Hitler tarafından resmi hükümet temsilcileri olarak karşılanmışlardı. Tüm bunlar Eva Braun'un canını o kadar acıtmıştı ki, intihar teşebbüsünde dahi bulunmuştu.

Trajik Son

Ağustos 1939'da, Unity, Hitler'le birlikte Bayreuth'taki festivalin açılışına katılmıştı. Hitler burada ona İngiltere'nin Almanya'ya savaş açmaya kararlı olduğunu ve bunu engellemenin hiçbir yolunu göremediğini söylemişti. Onu ve kız kardeşi Diana'yı, Almanya'yı terk etme kararında serbest bırakıyordu.

Diana geri dönmüştü, Unity ise kalmıştı. Olanlara bir türlü inanamıyordu. Her iki ülkeyi de seviyordu. Hayali şuydu: Alman orduları ve İngiliz donanmaları dünyaya hâkim olabilirdi. Şimdi ise, Birinci Dünya Savaşı'nda olduğu gibi, bu iki halk birbirini parça parça etmeye hazırlanıyordu.

İntihar

İlk kurşun, 01.09.1939 tarihinde Danzig'de atıldı. 03.09 tarihinde İngilizler Almanlara savaş açtığında, Unity Münih'te, Kraliçeler Caddesi'nde otomatik bir tabancayla kendini başından vurmuştu.

Ağır yaralı olarak bir kliniğe getirilmişti. Arkasında Hitler'e bir veda mektubu bırakmıştı ve Hitler'in kendisi için özel olarak yaptırdığı, üzerine ismi işlenmiş olan altın rozeti de yanına eklemişti. Çok sevdiği iki halkın birbirlerine karşı savaşıyor olmasını kaldıramamıştı.

Söz konusu mektup savaşın karmaşasından kurtulamamıştı, artık mevcut değildi ve bundan ötürü rakipleri böyle bir mektubun asla var olmadığını öne sürmektedir.

Hitler Unity'i klinikte ziyaret etmişti, kadının bir tarafı felç olmuştu ve artık konuşamıyordu. Hitler, altın rozeti ona geri getirmişti. Unity rozeti almış, ağzına koymuş ve yutmuştu. Hitler, kendisine eşlik eden fotoğrafçısı Hoffmann'a şöyle demişti: "Artık korkmaya başlıyorum."

Grass

Günther Grass, Teneke Trampeti'nde, Küçük Oscar'ın üvey babasının sonradan yutarak öleceği parti rozetinin iğnesini açması esnasında, muhtemelen bu sahneyi düşünmüş olmalıydı.

Kısmi İyileşme ve Erken Ölüm

Alman doktorlar beyindeki merminin cerrahi olarak çıkarılmasını reddetmişti. Başarısız olsalardı, dünya basını onun Hitler tarafından kasıtlı olarak öldürdüğünü söyleyecekti. Böylece Unity İsviçre'ye götürülmüştü. Ancak, orada bile doktorlar bu riski almaya cesaret edememişlerdi. Tüm masraflar Hitler tarafından karşılanmıştı.

Durumu biraz daha istikrarlı bir hale geldiğinde, ebeveynleri onun İngiltere'ye nakledilmesi için girişimlerde bulunmuştu. Ancak, orada da doktorlar ameliyatı yapmayı reddetmişlerdi. Ameliyat, çok riskliydi.

Inch Kenneth

Böylece annesiyle birlikte babasına ait, gözlerden uzak İskoçya'nın Hebrid Adaları'nın birinde yaşamaya devam etmişti. Hatta tekrar kendi başına araba kullanabilecek kadar iyileşmişti. Fakat sonradan mermiden kaynaklanan bir menenjit, daha 33 yaşındayken ölümüne yol açmıştı.

Diana Mitford

Diana İngiltere'ye geri dönmüş, söylenene göre amcası Winston Churchill'e çok ağır suçlamalarda bulunmuştu.

Churchill'in karısı Clementine Hozier, Mitford'ların kızının teyzesiydi. H.S.C'nin yazılarını tercüme eden meşhur büyükbabası, kocası tarafından hamile bırakılamamış olan, nemfoman Leydi Blanche ile aşk ilişkisi yaşıyordu. Clementine, onun kızıydı. Aileler de bunun böyle olduğunu kabul ediyordu.

"Ne elde etmek istiyorsun? Neden her ne pahasına olursa olsun bu savaşın çıkmasını istedin?"
"Eğer bu savaş çıkmamış olsaydı, neden gerekli olduğunu hemen anlardın"

"Evet, o takdirde Frankfurt an der Oder'den başlayan ve Polonya Koridoru üzerinden Königsberg'e ulaşan bir demiryolu ve bir otoyol inşa edilir, Polonyalılar her sene, hem de yıllar boyunca, parmaklarının ucunu bile kıpırdatmadan ve hiçbir masrafa katlanmadan transit geçişlerden gayet tatminkâr ücretler alacaklardı. Polonyalılar bu anlaşmayı yapmaya çoktan razıydı, ancak sen saçma sapan vaatlerle onları bunu reddetmeye zorladın. Güya Silezya ve Doğu Prusya'nın yanı sıra, Brandenburg ve Berlin'i de alacaklardı. Peki, şimdi ellerinde ne var? Yıkılmış bir Varşova."

"Doğru, ama bu Hitler'in dünyaya hakimiyetinin ilk adımı olurdu".

"Fakat şimdi elde ettiğin tek şey, İngiliz İmparatorluğu'nun sonu oldu. Güçlerimiz bu savaşa bağlı olduğunda, sömürgelerimizi kontrol altında tutamayacağız ve savaşarak bağımsızlıklarını elde edeceklerdir."
"Aptalca karı dırdırı. Seni gevşek ağzınla birlikte tutuklatacağım". Böyle de oldu. Diana bir toplama kampına yollandı.

Mosley

O ayrıca ünlü bir otomobil yarışçısının da kardeşiydi. O da İngiltere'ye dönmüştü ve Augias'ın ahırını temizlemek istemişti. Ancak, faşist partisinin İngiltere'de hiç şansı yoktu. Kendi yenilgisini kabul etmişti: "Bir gübre yığınının altındaysan, onu ortadan kaldırmanın yolu yoktur."

Trump

Aslında politikayla ilgisi olmayan biri, 2017'de Washington'daki bataklığı kurutmak istemişti. Ancak şimdi kendisi eğ bu bataklığa saplanmış gibi görünüyor. Seçilme sebebi, Rusya'ya karşı planlanan savaşı önleme konusunda güven uyandırmasıydı. Ancak şimdi Putin ile konuşmasına dahi izin verilmiyor. Kendinin veya çalışanlarından birinin eskiden Putin'le iletişime geçtiğinin kanıtlanması durumunda, görevden alınması için hakkında dava bile açılacak.

Ancak bir dava zahmetli bir süreçtir. Belki de CIA, ondan kurtulmanın daha hızlı bir yolunu düşünür.

Savaş Hazırlıkları (2.7)

Gandhi'nin Mektubu

Aşağıdaki hikâyeye Charles katkıda bulundu. Gandhi'nin barış iradesine değer veren arkadaşları, giderek yaklaşan dünya savaşına karşı bir şeyler yapması için ona çağrıda bulunmuşlardı. O da gerçekten de Hitler'e bir mektup kaleme almış ve sözlerine şöyle başlamıştı:

Sevgili Arkadaşım,

Düşmanlarınızın sizi tanımladığı gibi bir canavar olmadığınızı biliyorum, fakat bu savaşa engel olabilecek tek kişi sizsiniz. Benim şiddet kullanmadan verdiğim direnişle neler elde ettiğimi hatırlayın. Roosevelt'e ve Churchill'e büyük bir savaş başlatma şansı vermeyin.

Bu mektup burada kelimesi kelimesine değil, anlamına uygun olarak verilmiştir. Bu mektup, yolda ele geçirildiği için Hitler'e asla ulaşamamıştı. Ne de olsa İngiltere, hâlâ Hindistan'daki sömürgeci güçtü.

Ancak Gandhi, Hintlileri asker olarak savaşa göndermeyi başarılı bir şekilde reddetmişti. Birinci Dünya Savaşı'nda milyonlarcası gitmişti askere. Ancak Frankfurt an der Oder'den Königsberg'e bir ulaşım bağlantısının oluşturulması ya da oluşturulmaması için "vatandaşlarımız hayatlarını riske atmak zorunda değillerdi".

Mektup muhtemelen Hitler'in tutumunu değiştirmeyecekti; çünkü Roosevelt'in 1932'den beri, her koşulda, her ne bahaneyle olursa olsun gerçekleşmek zorunda olan bu savaş için azimle çalıştığını biliyordu.

Gandhi'nin 2. Mektubu

Her şeyden önce Gandhi'nin mektubundaki iki ifade, İngilizlerde büyük öfke uyandırmıştı. Öncelikle "Sevgili Arkadaşım" ve "Düşmanlarınızın sizi tanımladığı gibi bir canavar olmadığınızı biliyorum" hitapları. Gandhi, bu sözlerin etkisini yumuşatmak için, Noel'den önce ikinci bir mektup daha yazmak zorunda kalmıştı. Ancak bu mektupta Gandhi'nin yazmış olması mümkün olmayan cümleler bulunuyordu. Sahte olduğuna hiç şüphe yoktu. Bu mektup muhtemelen alıcısına teslim edilmişti. Tamamı her zaman internetten okunabilir.

Yarı Çıplak Derviş

Churchill'in Gandhi hakkındaki kararı açıktı. Bu "yarı çıplak dervişin" bir İngiliz valisiyle konuşmaya bile cesaret etmesine çok öfkelenmişti. Gandhi'nin yaptığı açlık grevi esnasında, neden onun açlıktan ölmesine izin verilmediğini bir türlü anlayamıyordu.

Aşağı Irk

Churchill, bu kararında Hitler ile aynı fikirdeydi. Gerçekten de Gandi'yi ve en etkili 200 yandaşını savaşta öldürmek için İngiltere'ye birkaç kez isyancılara karşı kullanmak üzere askeri bir güç teklif etmişti. Hindistan, İngilizlerin kolonisi olarak korunmak zorundaydı, çünkü Hintliler aşağı bir ırk olarak bir devlet yönetebilecek durumda değillerdi.

Indo-Cermenler

Bu aslında çok şaşırtıcıydı, çünkü Hitler'in, kıtanın alt kısmına kuzeyden göç etmiş olan uzun boylu, açık tenli savaşçıların "Aryan" olduğunu ve bölgenin kısa boylu, koyu renk tekli yerlileri boyunduruk altına aldıklarını bilmesi gerekirdi. Indo-Cermenler sözcüğüyle zaten bu durum ifade edilmiştir. Alman bilim adamları, Hint-Cermen dilleri arasındaki akrabalığı ortaya koyma konusunda liderlerdi. Sanskritçeyi en iyi Alman profesörler biliyordu. Antik Hindistan'ın yüksek kültüründen bir sanat eseri olarak Vedalar ve Upanişadların edebiyatı,

Alman üniversitelerinde keşfedilmişti. Gamalı haç bile oradan gelir ve Sanskrit dilinde Swastika olarak adlandırılır. Güneşi sembolize eder ve o zaman göçmen Aryanlar için şans sembolüdür.

Subhash Chandra Bose

Hitler, Bose ile iş birliği şeklinde ortaya çıkabilecek bir ihtimale karşı da kördü. Avrupa'da büyük ölçüde tanınmayan bu adam, Hindistan'ın kurtuluş mücadelesinin en büyük, en karizmatik figürlerinden biridir. Anıtı bugün Amritsar'da bulunur. İnternet sayesinde herkes onun hakkında bilgi edinebilir. Gandhi'nin şiddet kullanmadan yaptığı direnişin, Hindistan'ın bağımsızlığını sağlayacağına inanmıyordu. Hatta, Hintlilerin tek başına bu bağımsızlığı sağlayamayacağından bile korkuyordu. Yabancı güçler mutlaka Hintlileri desteklemeliydi. Bunun için Almanya'ya ve Japonya'ya güveniyordu. Ancak belirtildiği gibi, Hitler tarafında hiç şansı yoktu. Ancak savaş ve gidişatı öyle bir kafa karışıklığına sebep oluyordu ki, 1942 yılında Bose, Ribbentrop ve Hitler arasında bir toplantı gerçekleşti.

Gönüllüler

Gandi, Polonya koridorunda birkaç kilometrekarelik arazi üzerindeki anlaşmazlık nedeniyle Hintlilerin zorunlu askerliğe tabi tutulmasını reddetmişti. Ancak yine de milyonlarca insan, özellikle de Sihler, Afrika, Asya ve Avrupa'da İngilizler için savaşmak istediklerine dair gönüllü beyanlarda bulunuyorlardı. Bu fenomeni açıklamak zordur. Nedeni ekonomik sıkıntı olabilir miydi? Bugün 100.000 Afrikalı, muhtemelen sadece hayatta kalmak için ücret karşılığında cihad için savaşıyorlardı. Ya da Sihlerin savaşçı kastı sadece savaşa mı odaklanmıştı? Maalesef 3,5 milyon insan, İkinci Dünya Savaşı'ndaki bu .çabanın bedelini hayatıyla ödemişti. Hindistan, II. Dünya Savaşı'nda Rusya, Almanya, Japonya ve Polonya'yla beraber en fazla kayıp veren ülkelerin arasında gelmektedir.

Özgür Hindistan Lejyonu

Birçok Sih, Almanlar ve Japonlar tarafından tutsak alınmıştı. Bu tutsaklar arasından Bose, İngiltere'ye karşı savaşmak için gönüllüler toplamıştı. Bu gönüllüler,onun ve Hitler'in üzerine yemin etmişlerdi. Bu, Özgür Hindistan Lejyonu'ydu. Cephede çelik miğfer yerine türbanlarını (sarıklarını) giymelerine izin verilmişti. Bu türban, Hindu olarak kendi dinlerine aittir. Müslümanların başörtüleri ile karıştırılmamalıdır.

Kadın ile Kızı

Bose, Hitler'le her konuda kesinlikle anlaşamıyordu. Her şeyden önce, örneğin bir Alman'ın sadece bir Yahudi ile değil, aynı zamanda bir Hintli ile de evlenmesini yasaklayan ırk yasalarına karşıydı. Kendisinin de Alman, daha doğrusu Avusturyalı bir karısı vardı. 1938 senesinde doğan kızı Anita, bugün hâlâ Augsburg'da yaşamaktadır. Çok saygı duyulan bir profesördür, emeklidir ve üç çocuğu vardır. Yani Bose Almanya'daki üç torunu üzerinden varlığını sürdürmektedir. Kendisi 18.08.1945'te Tayvan'da bir uçak kazasında ölmüştür. Orada Amerikalılara karşı operasyonlar düzenlemiştir.

Kan Grupları

Charles'ın anlattığı bu hikâyeler benim için tümüyle yeniydi. Sonra aklıma yakın bir akrabam olan doktor Dr. Schell geldi, bu adam o zamanlar tıp öğrencisiydi ve doktorasını kan grupları üzerine yapmıştı. Sihler ve Almanlar arasındaki kan gruplarının orantısal dağılımının mukayesesinin, bir zamanlar mevcut olan akrabalığa dair bazı işaretler ortaya koyacağını söylüyordu. Dr. Schell'in ne tür bir sonuca vardığını ve çalışmasının başka sonuçları olup olmadığını bilmiyorum. Ancak Sihlerle yaptığı çalışmayı son derece dostça ve yapıcı olarak değerlendirdiğini hatırlıyorum.

Zırhlı Nakliyat

Amerikalılar, Birinci Dünya Savaşı'ndaki deneyimlerinden, silah ve mühimmatın denizaltılar nedeniyle Atlantik üzerinden İngiltere'ye nakledilmesinin kolay olmadığını biliyorlardı. Alman denizaltıları 3.500 gemi batırmıştı, bu yüzden savaş başladığında gereken yerlerde olabilmeleri için 1932 yılından itibaren kamyonlar, mühimmat, tanklar, tüfekler, toplar İngiltere'ye gönderilmişti. Seçilmiş hükümet temsilcilerinin, Senato'nun, Kongre'nin bunu bilmemeleri gerektiğinden, bu nakliyat resmi olarak yapılmamıştı. Bu nedenle bu işle taşıdığı yükün kontrol edilmesi söz konusu olmayan bir yabancı, Yunan Onassis görevlendirilmişti.

Onassis

Roosevelt ve Churchill, aynı mason locasında oldukları için onu uzun zamandır tanıyorlardı. Bir Yunan olarak vergi ödemesi gerekmediğinden, bu Amerikalılar için düşük maliyetli, uygun bir ticaret olmuştu. Churchill, Birinci Dünya Savaşı esnasında, Alman dostu ve Alman kökenli Yunan Kralı'nı ülkeden ayrılmaya zorlamaları durumunda, zenginlere vergi muafiyetini getireceğini ilan etmişti.

Onassis, kendine ait olan yüzlerce gemiyle hatırı sayılır bir kapasiteye sahipti. Ancak savaşın çıkmasından birkaç yıl önce Roosevelt artık bunu yeterli bulmamaya başlamıştı. İlk iş olarak kendi amirallerini ve komutanlarını izne çıkarmıştı, çünkü bunların her yaptığı iş kayıt altına alınıyordu ve askeri sevkiyatlardan kamuoyunun ve hatta hükümetin bile haberdar olmaması gerekiyordu. Ancak bir özel şahıs ve yabancı olarak, Onassis'in etkinlikleri ilgi çekici değildi. Böylece, İngiltere'ye Amerikan savaş gemileriyle kayıt tutulmadan askeri ekipman taşıyabilmişlerdi.

Bu aslında çok da doğru bir şey değildi. Ancak yine de savaşın sonuna kadar bunu fark etmek istemediler. Bu yüzden Onassis bu nakliyatların yasadışı olmasından ötürü değil ama Amerikan savaş donanmasına sadece bir Amerika vatandaşı tarafından komuta edilebileceğine dair bir madde yüzünden - evet, ABD bir hukuk devletidir - 7 milyon dolarlık bir cezaya çarptırılmıştı;Onassis bir Yunanistan vatandaşıydı.

Bütün bunları düzenleyen Roosevelt, bu ceza verildiğinde hayatta değildi. Ancak başkan olarak yine de hakkında dava açılamazdı.

Christina Yatı

Onassis, bu çok kazançlı işin karşılığını da elbette vermişti. Yılda bir kere Amerika'nın en ünlü politikacılarını, o zamanların en lüks yatı olan yatı Christina'ya davet ediyordu.

Yata kızının ismini vermişti. Daima onur konuğu olan Churchill, bu davetleri ileri yaşlarına kadar memnuniyetle kabul etmişti. Hatta tekerlekli sandalyeye mahkûm olduğunda ve en sevdiği kızı Sarah ona bakmak zorunda olduğunda bile.

Kennedy ailesi de her sene oradaydı. Onassis daha sonra evleneceği Jacqueline ile tanıştığında, hâlâ evli olduğu kocası John F. Kennedy'le birlikte, o zamanlar Onassis'le evli olan

Opera divası Callas'ı büyük bir şevkle dinliyorlardı, opera aryaları bu ünlü grubuna özel olarak okunuyordu.

Churchill için kendisi gibi az sayıda seçilmiş olan bu insanlar, Nietzsche tarafından kehanet edilen üstün insanlardı. "İnsan bir çöküştür ve insan bir geçiştir", deniyordu Deccal'de. Bu seçkinler, Hristiyan ahlâk değerlerinden çoktan özgürleşmiş olan üstün insan seviyesine ulaşmışlardı.

Kendi halkından basit insanların da dâhil olduğu çok, ama pek çok insan, Churchill için ölmelerinin en küçük bir anlam dahi taşımadığı diğer gruba mensuptular.

Hazırcevap

Churchill'in tekerlekli sandalyedeki durumunu hatırlaması, Charles'ın aklına bir başka anekdot daha getirmişti. Churchill, çok ileri yaşlarına kadar tekerlekli sandalyeyle parlamentoya gidebilmişti. Artık bu durumdaki bir süper kahramana saygı duymayan birkaç genç meclis üyesi, onunla dalga geçiyordu: "Salyaları akan bu ihtiyar, tek bir kelime bile edemezken, burada hâlâ ne yapıyor? Söylenene göre o kadar bunamış ki, nerede olduğunu bile bilmiyormuş." Neredeyse 90 yaşında olan adam dönmüş ve şöyle demişti: "Ayrıca sağır ve dilsiz olduğunu da söylüyorlar".

Churchill, artık tartışmalara katılmak istememesine rağmen meclise gelmeye devam etmek istemesinin sebebini, milletvekilleri beni gördükleri anda artık Almanya'ya fayda sağlayabilecek herhangi bir karar alınamayacağı garanti altına alınmıştır, diye açıklıyordu.

Alman Gerçekliği (2.8)

Lehte ya da Aleyhte

Beşinci içki turumuzu da çoktan yapmıştık ve "hikâyelerimiz" her zaman komik olmasalar da, çok gülünüyordu. Şimdi de benden Hitler'in Almanlar tarafından nasıl algılandığını kendi açımdan anlatmamı istiyorlardı

Savaş başladığında sadece üç buçuk yaşındaydım; fakat çocuk belleğime çok şey kazınmıştı.

Ailem başlangıçtan beri Hitler'e karşıydı ve bu nedenle birçok dezavantajımız vardı. Elbette ben de ailemle aynı düşünceleri paylaşıyordum ve bir çocuk olarak bize karşı dostça davranan, iyi tanıdığımız insanların nasıl Hitler hayranı olduklarını anlayamıyordum.

Amcalarımdan biri dahi Hitler destekçisi olmuştu ve bu yüzden tatil yapmak için yanımıza geldiğinde, aile içinde mutlaka kavga çıkıyordu

Ailem, bugünün bakış açısıyla tamamen apolitikti ve hiç kimse Mein Kampf'ı okumamıştı. Siyasi argümanlar, Hitler'in lehinde veya aleyhinde olmakta hiçbir rol oynamıyordu. Bu, bir ruh halinden ortaya çıkan bir karardı, bugün insanlar buna "içgüdüsel his" diyorlar.

Benim tecrübelerime göre, partiye katılanların çoğu Hitler'in programının arka planındaki nedenlere katılmıyordu; ancak parti üyeliğinin kendilerine yarar sağlamasını umuyorlardı. Bunlar dünyanın her yerinde olduğu gibi, başarılı partilerin gözüne girmeye çalışan tipik küçük insanlardı.

Yahudiler Giremez

Nazilerin valisi tam karşımızda oturuyordu. Mağazamızın kapısında "Yahudiler giremez" yazısı asılı olmadığı için bizi tenkit etmişti. "Mahallemizde bir tek Yahudi bile yok,tabela masrafından tasarruf edebilirim" demişti babam. Bu doğruydu da.

Yahudilerle ilk defa savaştan sonra, 20'li yaşlarımdayken tanışmıştım.

Ancak Nazi valisi, "konunun bu olmadığı, göstermeniz gerekenin bir zihniyet meselesi olduğu" fikrindeydi.

Ama vali sözünü geçirememişti. Dükkânı şehrin merkezinde bulunan ve devamlı müşterilerinden biri bir Yahudi olan dedeme bile sözünü geçirememişti. "10 yıldan beri dükkânıma gelir ve ücretini ödediği sürece istediğini alır". Aslında bu oldukça cesur bir davranıştı ve her dükkân sahibi bu cevabı vermeye cesaret edemezdi.

Şakalar

Dükkânımıza Bayan Grimme adında, tipik bir proleter olen ve oyunculuk yeteneği bulunan bir kadın gelirdi. Birçok müşterinin hizmet almak için sıra beklediği dükkân kapısından içeri dalar ve çok dramatik bir şekilde bağırırdı: "Hitler silgisini kaybetmiş". "Saçmalık!" "Hayır, hayır, hiç de saçma değil, çünkü silgiyi Churchill bulmuş. Şimdi şehirlerimizi haritadan siliyor." Churchill'in sivil Alman halkına yönelik olarak gerçekleştirdiği ilk bomba saldırılarından sonra Hitler'in yaptığı konuşmayı artık kimse hatırlamıyor: Eğer askeri hedef olmayan Alman şehirlerini bombalarsa, ben de karşılığında İngiliz şehirlerini haritadan silerim.

Bir başka sefer, Bayan Grimme yine içeri dalmıştı: "İnanabiliyor musunuz, Goebbels'i hastaneye kaldırmışlar."
"Nesi varmış?"
"Ameliyat olması gerekiyormuş"
"Ne ameliyatı?"
"Kulaklarının yerini değiştirmeleri gerekiyormuş."
"Böyle bir şey yok ki."
"Var, var, ağzını daha geniş açabilmesi için biraz daha geriye alacaklarmış".

O sevimli Bayan Grimme, bu esnada oldukça büyük bir risk alıyordu. Biri onu ihbar etse, anında tutuklanırdı. Sadece Hitler hakkında değil, bakanları hakkında, hatta Propaganda Bakanı Goebbels hakkında bile şaka yapılmasına izin verilmiyordu.

Weiß Ferdl

O sevgili Münihli komedyen Weiß Ferdl oldukça tanınan biridir, çünkü kendi kabare programında bir balık satıcısı olarak haldeki tezgâhında sattığı balıklarının kalitesini şu sözlerle överdi:

Ringa balığım var
Ringam,
Goehring kadar şişman!

Hess'in İngiltere'de tutsak düşmesinden sonra, Hermann Goehring, Hitler'den sonraki ikinci adam olmuştu. Weiß Ferdl ise çok sevilen biri olduğu için, üç gün sonra hapisten çıkarılmıştı. Ama bir balık satıcısı olduğu programını kabareden çıkarmamıştı ve herkes balıklarını şimdi nasıl öveceğini merakla bekliyordu. Ferdl, gerçekten de bir pazarcı gibi bağırmaya başlamıştı:

Ringa balığım var
Ringam,
Tıpkı... Geçen seferki kadar şişman!

Komünist Yeraltı Örgütü

Gizliden gizliye hâlâ "Kızıllar" vardı, bunlar Rusya'ya yapılan saldırıdan sonra bile Stalin'e sempati duymaya devam ediyordu. Bu, yapılan sohbetlerde giderek daha belirgin bir şekilde ortaya çıkıyordu. Çocuk halimle bile yetişkinlerin hiç hesaplamadığı birçok şey duyuyordum. Müşterilerden biri olan Bayan Fritz'in anneme, Stalingrad felaketinden sonra sevinçle şöyle dediğini duymuştum: "Stalin kazandığında sizin güzel evine taşınırım, siz de kiraya çıkarsınız".

Bayan Fritz'in evimize taşınmayı istemesini anlayabiliyordum.Ancak Stalin'in bu konuyla ne ilgisi olduğunu o zamanlar anlayamamıştım. Elbette, eğer sonrasının Demokratik Almanya Cumhuriyeti gibi, Sovyet işgal bölgelerinin birinde yaşasaydık, Bayan Fritz haklı olurdu.

Çocuk Şarkıları

Bayan Fritz'in küçük kızı Rita, benimle birlikte kreşe giderdi, söylediği komik şarkıyı, anlamını bile bilmeden coşkuyla biz de söylerdik.

Her şey biter,
Her şey sona erer,
hatta partisiyle birlikte Hitler bile gider.

Bu güzel halk şarkısını kimin bu hale soktuğunu bilmiyorum. Orijinal sözleri şöyledir:

Her şey biter,
Her şey sona erer,
Her Aralık'ı yine bir Mayıs takip eder.

Rahibe Selma

Anaokulunda bile her şey sona ermiş ve yeni zamanlar gelmişti. Çocuklar Nasyonal Sosyalizm ruhuyla eğitilmeliydi; beyaz kukuletalı, mavi çizgili rahibe elbiseli ve yuvarlak hatlı Rahibe Selma'mız, yerini katı bir parti üyesine bırakmak zorunda kalmıştı.

Rahibe Selma, bakımları konusunda herhangi bir yardım almadığı, 4-6 yaşlarında 60 kız ve erkek çocuğu himayesi altına almıştı. Bize şarkı söylemeyi, el işi yapmayı, tığla örmeyi öğretmişti, erkek çocuklar bile örgü örmek zorundaydı. Ama bununla başa çıkamıyordum; çünkü sürekli ilmekleri kaçırıyordum.

Hepimiz için bir tek büyük oda vardı; ama biz çoğunlukla içinde birkaç ağacın ve spor direklerinin bulunduğu büyük bir çimenlik olan bahçede vakit geçirirdik. Ağaçlara tırmanmak yasaktı. Eğer Rahibe Selma o an izlemiyorsa, bunu yine de yapardık. Ancak bir keresinde bir kız yukarı tırmanırken düştüğünde ve kolunu kırdığında, büyük bir telaş yaşanmıştı.

Noel

Yılın en önemli anı, Noel'de, ebeveynlerin de davet edildiği, Hz. İsa'nın doğuşunu sahnelememize izin verildiği zamandı. Büyük çocukların karmaşık cümleleri öğrenmek zorunda olduğu Meryem'i ve Yusuf'u, ya da "cennetten geliyorum ben" diyen meleği canlandırmasına izin verilirdi, öküz ve eşek olanların sadece yüzlerine birer maske takmaları gerektiğinden, bu roller küçükler için daha kolay olurdu. Tarlalardaki çobanın koyunları, sadece ara sıra melemek zorundaydı.

Yeni Eğitimci

Bu Hıristiyan Noel'inin sonu gelmişti. Çocuklar, nasyonal sosyalizm ruhu ile yetiştirilmeliydi. Yeni eğitmen ile sadece şunları yapıyorduk:

Elleri birleştir, başını öne eğ,
bize her gün ekmek veren
ve tüm zorluklara kalkan olan,
Adolf Hitler'i iyice düşün.

Yeni anaokulu öğretmeninin ilk günü böyle başlamıştı.
Benimse son günümdü. Bunları evde anlattığımda, annem bir daha anaokuluna gitmeme izin vermedi.

Reichstag Yangını

Ebeveynlerim, evimizin üst katındaki daireyi bir öğretmenle karısına kiralamıştı. Kadın çocuk sahibi olamadığı için çok üzülüyordu ve kocası da çocuk sahibi olmayı istiyordu Bu yüzden sık sık onları ziyarete gidiyordum. Benim ilk fotoğrafımı da o adam çekmişti. O zamanlar fotoğraf makinesine sahip olmak, nadir rastlanan bir şeydi.

Adam bana çok şey anlatırdı, hatta bir keresinde doğumumdan önce gerçekleşmiş olan Reichstag yangınından da söz etmişti. Ancak aklımda kalan, Nazilerin kendi parlamento binalarını ateşe verdiklerini söylemesinin ne kadar inanılmaz bir şey olduğuydu.

Bunu bugün şöyle değerlendiriyorum: Van der Lubbe suikastçıydı; fakat Naziler onun maksadını erkenden anlamışlardı. Yapmak istediği şey komünist takibatı için iyi bir bahane teşkil ettiğinden, Van der Lubbe'nin aklından geçenleri elini kolunu sallayarak yapması için gereken her şeyi hazırlamışlardı. Hitler, bu sansasyonel olay sayesinde

Yetkilendirme Yasası'nı yürürlüğe koyabilmiş ve kendisini yaşamı boyunca diktatör ilan edebilmişti.

11 Eylül Dünya Ticaret Kuleleri

Bazıları, bu olayla, 11.09 tarihinde Dünya Ticaret Kuleleri'ne yapılan, aslında Amerikan istihbaratının faillerden ve niyetlerinden haberdar olduğu, ancak Irak ve Afganistan'ı işgal için iyi bir bahane sunmasından ötürü, onlara göz yumdukları saldırı arasında bir benzerlik görürler.

Gerçeklik ve Propaganda

Anlattığım hikâyeler beklediğimden daha fazla ilgi uyandırmış, Büyük Almanya İmparatorluğu'nun gerçeklerini sadece Leni Riefenstahl'in filmlerinden bilen İngiliz arkadaşlarımın oldukça eğlenmesine neden olmuştu. Riefenstahl'ın önemli filmleri arasında "İradenin Zaferi", "Nürnberg Parti Kongresi" ve "Berlin Olimpiyatı" idi.

Gizli İstihbarat Servisinin Politikası (2.9)

Bürgerbräukeller

Reichstag yangını hakkında anlattığın son hikâye, Bürgerbräukeller ve Venlo'da meydana gelen olay hakkında anlatacağım iki hikâyeye geçiş için oldukça uygun, diye atıldı Charles.
Hitler'in Münih'teki Bürgerbräukeller'de havaya uçurulması planlanmıştı. Orada en sadık destekçilerine düzenli olarak konuşmalar yapıyordu. Böyle bir toplantı normalde en az iki saat sürüyor, yani 20.00 ile 22.00 arasında gerçekleşiyordu. Ancak o akşam Hitler'in Berlin'e daha erken bir saate uçması gerekmiş ve arkasında bir suikastçının içinde açtığı bir oyuğa yerleştirdiği bomba bulunan sütunun önündeki konuşmacı kürsüsünü saat 21.00'de terk etmişti.

Bu bomba 08.11.1939 tarihinde saat 21.10'da patlamış ve altı kişinin ölümüne, 50 kişinin yaralanmasına sebep olmuştu. Eğer Hitler 10 dakika önce oradan ayrılmış olmasaydı, patlamayı en yakın kişi o olacaktı.

Böylesine kıl payı bir kurtuluş, büyük bir propaganda başarısı olmuştu, çünkü herkes kaderin cilvesinin Hitler'den yana olduğuna inanmıştı.

Kader mi, Yoksa Hesaplama mı?

Gerçekte ise İngiliz Gizli Servisi, Alman Gizli Devlet Polisi'ne, Elser'in Hitler'e suikast düzenlemek için Zürih'te 4.000 Mark aldığı bilgisini vermişti.

Elser bir komünist direniş grubu olan Agitprop üyesiydi; ancak Komünist Parti'nin yasaklanmasından sonra kendi başına faaliyet göstermeye başlamıştı. Yakından takip edildiği için her gece kendisini Bürgerbräukeller'e kilitlediği fark edilmiş, her seferinde sütunu ne kadar oyduğu tam olarak kayıtlara geçirilmişti. Sabahları oyduğu yeri itinayla kapatıyordu. Hitler'in konuşmasını yaptığı o akşam, Gestapo zaman ayarlı bombanın saat 21.10'a kurulduğunu biliyordu.

Kaçış

Elser'in bu olaydan sonra yurtdışına kaçacağını tahmin etmek zor değildi. Bu yüzden gizlice takip edilmiş ve tüm sınır istasyonlarına görevliler yerleştirilmişti; böylece Elser, daha bomba patlamadan İsviçre sınırında yakalanmıştı. Kıyafetinde bulunan alçı ve harç izleri bariz bir şekilde görülüyor ve delil teşkil ediyordu.

Soru

Hitler altı destekçisinin ölümünü, 50 kişinin yaralanmasını göze almak pahasına, bu suikastı neden engellememişti?

Tek başına çalışan bir saldırganı daha suikastı gerçekleştiremeden yakalamak yerine, bu suikastı birçok generalinin de dahil olduğu büyük bir komplo ile ilişkilendirerek mahkeme huzuruna çıkarmayı, davası için daha büyük bir başarı olarak görmüştü.

Churchill, Hitler'i mutlaka hayatta tutmak istiyordu. "O bizim en iyi müttefikimizdir; o olmasa Almanya'yı yok etmek için dünya kamuoyu nezdinde bahanemiz kalmazdı. Biz Nazilere karşı savaşmıyoruz, Alman halkına karşı savaşıyoruz. Bizim üstünlüğümüzü tehdit ediyorlar".

Komplo

Hitler, Polonya'ya girdikten birkaç gün sonra, İngiltere'ye barış teklifi sundu. Bu teklif şu gerekçeyle reddedildi: Hitler ile pazarlık yapılmaz. Ancak Alman generalleri İngiltere ile yapılacak savaşın yeni bir dünya savaşına neden olacağının farkında olduklarından, ellerindeki tüm imkânlarla, Hitler ile İngiltere arasında gerçekleşmesinin mümkün olmadığı açık olan barışı yeniden tesis etmeye çalıştılar. Böylece Hitler'i tutsak etmeye ve görevi bıraktırmaya karar verdiler. Ancak sonrasında İngiltere'nin barış yapmaya hazır olacağından emin olmak istiyorlardı. Canaris, 1944'te Bonhoffer'in aksine, Hitler'in öldürülmemesi konusunda ısrarcı olmuştu.

İngiliz İmparatorluğu'nun bu savaştan zarar görmeden çıkamayacağının herkes açıkça farkında olduğu için, Alman generaller, kabine üyelerinin çoğu gibi savaşı akıl dışı bulan Chamberlain'e bir arabulucu gönderdiler.

Hitler'in görevden alınması koşuluyla anlaşma sağlanmak üzereydi.

Sadece Churchill buna karşıydı. Ancak diğerlerinin oyları daha fazlaydı.

Churchill'in Listesi

Churchill, kendi düşüncesini kabul ettirebilmek için bir hileye başvurdu. Gizli İstihbarat Servisi SIS'nin başkanı olarak, Alman Gestapo'suyla irtibata geçti. Generallerin planını, bütün isimlerin eksiksiz olarak bulunduğu bir listeyle birlikte onlara iletti. Elser'in ismi de bu listedeydi.

Bilgi Eksikliği

Chamberlain ve kabine üyelerinin bundan haberi yoktu. Zaten böyle bir rezaletin gerçekleşebileceğini akıllarına bile getirmiyorlardı. Bu nedenle Bürgerbräukeller'deki suikast sonrasında planın Hitler'i ortadan kaldırmak şeklinde değiştirildiğini zannettiler. Chamberlain ayrıca, aynı gün komplocularla irtibata geçmesi için iki arabulucusunu Hollanda sınırı üzerinden Venlo'ya göndermişti.

Venlo Hadisesi

Arabulucular sınırın hemen ardında bekleniyorlardı ve dostça karşılandılar: "Biz de sizi bekliyorduk". "Doğru yere geldiniz". "Alman generallerin yardımıyla Führer'i görevden almak istiyorsunuz". "Kendimi tanıtmama müsaade edin, ben Alman Gestaposunun başkanı Schellenberg'im". İngiliz arabulucular doğrudan Alman Gizli Servisi'nin kollarına düşmüşlerdi. Sorgulandılar ve hemen tutuklandılar. Ancak savaşın ardından, Mayıs 1945'te tekrar özgürlüklerine kavuştular.

Şartsız Teslim

Anakaradaki İngiliz Gizli Servisi tamamen ifşa olmuştu. Ama Churchill bundan gayet memnundu. Hiçbir şekilde müzakere istemiyordu; aksine kayıtsız şartsız teslimiyet istiyordu; yani yenilgi sonrası herhangi bir hak söz konusu bile olmayacaktı. Almanya mutlak bir yenilgiye uğratılmalıydı, aynen III. Pön Savaşı sonrası Kartaca'ya olduğu gibi. Bu, tarihsel rol modeldi.

Alman Generalleri

Günümüzde yaygın olarak Alman generallerin otoriteye boyun eğen, pısık ve sinik, itaatkâr kişilikler olduklarına inanılır. Venlo olayları ise bunun doğru olmadığını ortaya koymaktadır.

Hitler'e karşı düzenlenen komploya o kadar çok general katılmıştı ki, Hitler'in bunları cezalandırması söz konusu bile olamazdı. Aksi takdirde Polonya'daki ordusu neredeyse generalsiz kalırdı. Generaller ancak 1944 yılındaki Staufenberg Suikasti sonrasında mahkemeye çıkarılmış ve idam edilmişlerdi.

Ancak, Stalingrad'daki anlamsız savaşta Hitler'in emrine karşı çıkarak 100.000 askeriyle birlikte tutsak düşen ve elbette sadece 10.000 kişinin hayatta kaldığı General Paulus'u da hatırlamak gerekir. Ya da Hitler'in bir kale ilan edilmesini emrettiği Paris'i - ki bu şehrin yerle bir olmasına neden olurdu - çatışmadan teslim eden Choltitz'i.

Savaşın İlk Çatışmaları (2.10)

Danzig'in İçinde ve Civarında

Burada sözü Houston devraldı. Savaşın ilk çatışmalarına dair derlediği bilgilerde, pek çok ilginç detay vardı. Resmi olarak inanıldığı şekliyle Almanlar faka bastırdıkları Polonyalıları bir buharlı silindirle üzerinden geçmiş gibi dümdüz etmemişti; aksine Polonyalılar iyi hazırlanmış ve en iyi şekilde donatılmış 1 milyon askerden oluşan ordularıyla, son derece cesur bir şekilde savaşmışlardı. Hitler'in kendisi de Polonyalıların cesaretini teslim etmiş ve dünya basınında Polonyalıların direnişini kolaylıkla atlattığı şeklinde bir tablo çizilmesine itiraz etmişti.

Öngörüler

Kimse Polonyalıların birkaç gün içinde Danzig'den geri çekilmek zorunda kalacağını ve 14 gün içinde yenilgiye uğrayacağını hesaplamamıştı. Churchill bile destek sözü verdiğinde Polonyalıların hızlı şekilde zafer kazanacağını düşünüyordu ve askeri desteğe ihtiyaç kalmayacağından emindi. Londra'daki Times ve Paris'teki Le Monde gibi büyük günlük gazetelerin verdiği ilk manşetlerinde, Polonyalı süvarilerin Alman saldırılarına karşı büyük bir zafer kazandığı haberi yer alıyordu. Bu yazılar savaş çıkmadan haftalar önce kaleme alınmış ve sonradan anlaşılacağı üzere, savaşın ilk gününde daha neler olup bittiği anlaşılamadan basılmıştı. Bu gazeteler günümüzde yayınevlerinin arşivlerinde okunabilir.

Yanlış Değerlendirme

Versay Antlaşması'na göre Almanya'nın silah altında sadece 100.000 asker bulundurmasına müsaade edildiği düşünüldüğünde, böyle bir yanlış değerlendirmede bulunulması şaşırtıcı değildir. Çekya'nın veya Hollanda'nın silahlı kuvvetlerinden daha küçük bir ordu. Ayrıca Hitler'in orduyu teçhiz etmek için sadece birkaç yıllık bir zamanı olmuştu. Polonyalılar bu askeri zayıflığı birkaç kez kendi lehlerine değerlendirmişlerdi. Ağustos 1919'da ve Ağustos 1920'de Almanya topraklarına saldırılarda bulunmuşlardı. 1930 ve 1931'de Berlin'e yürüme ve Silezya'yı fethetme planları yürürlüğe konulamamıştı, çünkü Fransız Hükümeti uzun tartışmalardan sonra bu harekâta katılmak istememişti.

Stalin'in Tereddüdü

Stalin de Almanların bir milyon Polonyalı askere karşı galip gelebileceğinden pek emin değildi. Bu yüzden, Hitler-Stalin

Paktı'nda belirlenen geçici sınır çizgisini geçmek için 17 Eylül'e kadar, yani savaşın başlamasından itibaren 16 günün geçmesini bekledi. İlk olarak 18 Eylül'de gruplar iki büyük devletin nüfuz alanlarını ayırması beklenen geçici sınır çizgisi üzerinde bulunan Brest-Litowsk'ta karşı karşıya geldiler.

Varşova'nın Teslim Oluşu

Başkent Varşova 10 gün sonra teslim olmak zorunda kaldı. Polonya yönetimi, direnişi yurtdışından sürdürmesi beklenen 100.000 Polonyalı savaşçıyla birlikte yurtdışına kaçtı. Polonyalılar İngiltere tarafından yüzüstü bırakıldıklarını düşünüyordu, çünkü Churchill bir saldırı durumunda verilecek destek sözünü yerine getirmek için parmağını bile kımıldatmamıştı. Rusların saldırısına dair ise ancak şunu söyleyebilmişti: "Destek sözü zaten sadece Alman saldırısı için geçerliydi".

Churchill, Stalin'le arasını bozmak istememişti.

Alternatif Gerçekler

Churchill, Alman saldırısına karşı olduğu gibi, Rus saldırısına karşı da yüzüstü bıraktığı için Polonyalılara bir açıklama borçluydu.

Yaptığı açıklamada, Stalin'in sadece Estonya ve Letonya'yı işgal ederek, geçici sınır çizgisine kadar olan Doğu Polonya bölgesini ele geçirmesinin büyük bir başarı olduğunu söylemişti.

Böylece Hitler'in fetih arzusunun doğuya doğru ilerlemesini engelleyecek bir duvar kurmuş olduk.

Peki, bu açıklama Polonyalıları sakinleştirmiş miydi? O zamanlar henüz "Alternatif Gerçekler" diye bir terimi bulunmuyordu; ancak, Churchill'in burada yaptığı gibi bir meseleyi bu şekilde saptırması, tam olarak bu terime karşılık geliyordu.

Bromberg'de Kanlı Pazar

Bu arada Polonya'daki savaşın gidişatı giderek daha zalim bir hal alıyordu. Geri çekilen Polonyalı askerler, çoğunlukla Almanların yaşadığı bir şehir olan Bromberg'in Alman nüfusundan intikam almış ve bir katliam gerçekleştirmişlerdi. Bu da daha sonra Alman askerlerinin Polonya halkına karşı intikam duygularıyla hareket etmesine sebep olmuştu.

Şeref ve kahramanlık terimlerine inanan eski usul subaylar, Alman saldırılarını, yağmaları, talanları, kurşuna dizmeleri kovuşturmak istiyordu. Ancak Hitler böyle suçların cezalandırılmasını yasaklamıştı, bunun için gerekçe olarak ise bu kritik savaş durumunda askerlerinin savaşma gücünün zayıflamasından endişe ettiğini ileri sürüyordu.

Günümüzde aynı gerekçeyle, Amerikan hukukuna göre savaş alanlarındaki Amerikan askerlerini cezalandırmak mümkün değildir.

Drôle de Guerre (2.11)

Batıdaki Savaş

Batıda hiçbir şey olmuyordu. Hitler, hiçbir şekilde tek el silah sahi atılmaması ve açık şekilde emir vermedikçe düşman topraklarından içeriye bir metre bile ilerlenmemesi emrini vermişti. Briand-Kellogg Paktı'ndan sonra savunma savaşlarına izin verilmiş, ancak saldırı savaşları yasaklanmıştı. Hem Fransa, hem İngiltere, hem de Almanya bu pakta katılmıştı. Almanlar bu ülkelere saldırmadığı takdirde, kimse tarafından saldırgan olmakla yaftalanamazdı. Bu nedenle Hitler, savaş suçlusu haline gelmeleri için önce bu ülkelerin saldırmasına büyük önem vermişti. Bu, İngilizlerin tabiriyle bir "phoney war", yani rezil savaşa neden olmuştu.

Deniz Mayınları

Churchill'in zengin bir hayal gücü vardı. İlk başlarda roman yazarı olmak istemişti; ilk büyük romanı olan Savrola devrimci bir kahramandı; bu kahramanda kendi otoportresini çizmiş ve elbette tüm savaşlardan muzaffer olarak çıkmıştı. Bu isim, hayatı Floransa'da yakılmasıyla son bulan Savanarola isimli bir keşişten geliyordu.

Hayal gücü kuvvetli olan Churchill, Trier'in yukarısında, Moselle'nin Fransız tarafında, Moselle'eon bin deniz mayını bırakılmasını teklif etmişti; bu mayınlar kıyı şehirleri boyunca büyük bir gürültüyle patlayacaklardı. Moselle'nin Ren'le birleştiği Koblenz'e kadar bu böyle sürüp gidecek, Ren üzerindeki şehirler bu havai fişeklerin tadını çıkaracaktı.

Fransızlar, bazı mayınların bir ihtimal Ren'in Hollanda sınırları içinde kalan kısmına kadar ulaşabileceği, müttefiklerin dostu olan ve resmi olarak tarafsız tutum sergileyen Hollanda'nın ise bu durumdan muhtemelen memnun olmayacağı mazeretini sunarak bu teklifi reddetmişlerdi.

Saarland

Saarland'da, Siegfried Hattı adı verilen Alman tahkimat hattının dışında altı köy vardı. Bu köyler müttefiklerin savaş ilanı sonrasında boşaltılmıştı. Ancak bir Fransız general kendisine hakim olamayarak bu köyleri işgal etti. Bu Fransızların üzerine ateş açmak serbestti; ne de olsa burada mütecaviz konumundaydılar. Bu bir saldırı savaşı değildi, sadece savunma söz konusuydu. 2.000 genç Fransız, generallerinin bu macerasını hayatlarıyla ödediler.

Narvik

Savaşta demir ve çeliğe ihtiyaç duyulur. Almanya ise çok az miktarda demir ve çeliğe sahipti. Demir cevherini İsveç'te bulunan Kiruna madeninden elde ediyordu. Bu cevher, hemen yanındaki Narvik Limanı'ndan gemiyle gönderiliyordu. İngilizler bunu biliyordu. Savaşın patlak vermesiyle donanmanın en üst kumandanı yapılan Churchill, buradan Almanya'ya olan deniz yolunu kesmek istedi. Alman gemilerinin yanaşamaması ve açık denize çekilmek zorunda kalarak, üstün İngiliz donanmasına kolay bir av olması için Norveç'in Bergen, Tromsö, Hammerfest vd. limanlarına mayın döşenmesine karar vermişti.

Bozgun

İngiliz savaş kabinesinde hangi İngiliz gemisinin hangi Norveç limanına mayın döşeyeceği tartışılırken, "Hitler, Narvik Limanı'nı işgal etti" haberi geldi. Artık Norveç'in egemenliğini ihlal ediliyor çığlıkları da fayda etmeyecekti. Duyan da İngilizler Norveç limanlarına mayın döşemek için Norveç'ten izin almış sanacaktı.

İlk Yenilgi

Churchill harekete geçmek zorundaydı. İngiliz savaş donanmasının tamamı Narvik'e gitti ve üç Alman gemisi tarafından kaçmaya zorlandı. Bu üç gemi Almanya'nın sahip olduğu tek deniz varlığıydı; çünkü I. Dünya Savaşı sonrasında imparatorluk donanmasının tamamını İngilizlere teslim etmek zorunda kalmışlardı. Bir gemi inşa etmek için zamana ihtiyaç vardı ve Hitler ancak bu üçünü tamamlayabilmişti.

Scapa Flow

Alman savaş donanması o günlerde Scapa Flow'a demirlenmişti. Ancak en üst düzey Alman kumandanı teslimatı gerçekleştirmemiş ve kendi kararıyla tüm donanmayı batırmıştı. Mağrur isimlere sahip o gemilerin tümü halen burada, deniz tabanında yatmaktadır. Burası dünyanın en büyük gemi mezarlığıdır. 14.10.1939 tarihinde bu gemi mezarlığında bir Alman denizaltısı ilk İngiliz gemisini batırmıştı: Royal Oak. Burası çok sembolik bir yerdir.

Chamberlain'in Görevi Bırakması

En üst Amiral Churchill'in bu acemice davranışları çok aşağılayıcı bulunmuştu ve bazı sonuçlarının olması kaçınılmazdı. Neville Chamberlain, en üst amirali Churchill'in başarısızlığının tüm sorumluluğunu üzerine aldı ve görevini bıraktı. Ve ah, ilahi mantık! En üst savaş kumandanı olarak yerine diktatör yetkileriyle donatılarak bu süper deha Churchill getirildi.

Yıldırım Savaşı (2.12)

Koltuk Savaşının Sonu

Bu gelişme Berlin tarafından da öğrenildiğinde, artık bir müzakere ve geri adımın söz konusu olamayacağı anlaşılmıştı. Koltuk krizinden bir yıldırım savaşı çıkmıştı. Hitler saldırmak zorundaydı; batı yönündeki saldırı 10.05.1940 tarihinde başlamış ve 27 Mayıs ile 04 Haziran arasında Dunkirk civarında çatışmalar yaşanmıştı; ardından yıldırım savaşı sona ermiş ve birleşik Fransız ve İngiliz orduları mağlup olmuştu.

Kan, Ter ve Gözyaşı

Churchill henüz 10 gündür görevdeydi. Göreve başlarken o meşhur konuşmasını yapmıştı: "Size kan, ter ve gözyaşı vaat ediyorum"; orijinal olarak "I have nothing to offer but blood, toil, tears and sweat". İki hafta içinde dahiyane kumandanlık yeteneklerini tekrar gösterebilmişti.

Kara Köpek

Churchill, Hitler'in kazandığını kabul etmişti. "Ancak generallerinin aptallığı nedeniyle zaferi elinden kaçırdı". Generaller, mağlup İngilizleri esir almayı ihmal etmişlerdi. Churchill'in fikri böyleydi. Bunu yapmış olsalardı, savaş sona erebilirdi. Çünkü bu durumda barış yanlısı İngiliz politikacılar, Churchill'in kendilerini zorla savaşa sürüklemesine daha fazla müsaade etmezlerdi.

Yanıltmaca Mı?

Churchill'in burada kasıtlı olarak bir yanıltmaca mı yaptığı, yoksa Alman generallerin İngilizleri esir almayı düşündüklerinden, ancak Hitler'in bunu bizzat engellediğinden

haberdar olmadığı mı bilinmemektedir. Hitler, İngilizlerin kaçmasına bilinçli olarak izin vermişti, çünkü İngilizlere esir alınma utancını yaşatmadığı ve gururlarını incitmediği takdirde, İngiliz hükümetinin dost üyelerinin barış için çabalarını artıracağını umut ediyordu.
Ancak bunda tamamen aldanmıştı.

Kurtarma

300.000 İngiliz askeri, kanalın bu dar noktasında teknelerle İngiltere'ye götürüldü. Aynı şekilde 85.000 Fransız askeri de İngiltere'ye taşındı. Her iki ordunun da bilumum askeri malzemesi hurdaya dönüşmüştü, bunların arasında Onassis'in yıllarca taşıdığı mühimmat da bulunuyordu. Bu kurtarma operasyonu 27.05.1940 - 04.06.1940 tarihleri arasında tam bir hafta sürmüştü.

Savaşmadan

10 gün sonra Alman birlikleri savaşmadan Paris'e girdiler; bu arada yenilen Fransız ordusunun büyük kısmı Bordeaux istikametinde geri çekiliyordu. Bu geri çekilme ve başka çatışmaya girmekten kaçınma kararını veren general, I. Dünya Savaşı'nda Verdun kahramanı olan 84 yaşındaki Mareşal Pétain'dı.

Teslim Olma

Pétain, Compiègne'de, o utanç verici Versailles Antlaşması'nın imzalandığı aynı tarihî tren vagonunda, 22.06.1940 tarihinde teslim oldu. Kuzey Fransa'nın Alman yönetimine girmesi kararlaştırıldı. Güney Fransa'da ise bağımsız bir Fransız Hükümeti olacaktı. Ancak geçici Fransız Hükümeti Vichy'ye nakledilecekti; çünkü kanalın kıyı boyu ve Atlantik sahilleri, savunma tekniğinden kaynaklı nedenlerle işgal ve tahkim edilmişti. Fransa'nın yeni cumhurbaşkanı Pétain olacaktı.

İşbirliği

Güneydeki halkın ihtiyaçlarının karşılanması, ticaretin sürdürülmesi, tüm devlet işleri için Almanlarla birlikte çalışmak kaçınılmazdı. Hitler, İngiltere'ye karşı savaşında Fransa'nın Almanya'nın yanında yer almasını istiyordu; ancak Pétain bunu kesinlikle reddetti. Tarafsız kalmak istiyordu. Buna rağmen Pétain, ordusunu ve sağlam durumdaki, İngiltere'den sonra dünyanın en büyük savaş filosunu elinde tutuyordu. Bu ordu ve donanma, Vichy Fransası'nın sömürgeleri olan Cezayir, Fas ve Tunus'taki egemenliğini sürdürmesini sağlayacaktı. Hitler, ayrıca 2 milyon Fransız savaş esirini de serbest bıraktı.

Paris

Hitler Fransa'yla arasının iyi olmasını istiyordu. Savaşın sonunda Fransa eski sınırlarına geri dönecekti; sadece Alsace-Lorraine Bölgesi Almanlarda kalacaktı. Paris'teki kültürel hayat Alman işgaline rağmen duraksamadı. Çok sayıda Fransız sanatçı ve oyuncu kariyerlerine devam edebildiler: Cocteau, Max Ophüls, Jean Marais, Giraudoux, Anouilh ve diğer birçoğu, başkentin o yüksek beklentilere sahip eğlence ihtiyacını karşılıyordu. Alman işgal kuvvetleri için Paris'e geçici göreve gönderilmek bir ayrıcalıktı. Bol miktarda bulunan şampanya ve seçkin Fransız şarapları her gün ayrı bir eğlence düzenlenmesini sağlıyordu.

Pétain

Savaştan sonra Pétain ve onunla birlikte çalışan herkes inanılmaz bir şekilde saldırıya uğradı, hatta artık 89 yaşında olan general savaşmadığı ve düşmanla iş birliği yaptığı için ölüm cezasına çarptırıldı. Ancak General de Gaulle cezasını ömür boyu hapse çevirdi.

General de Gaulle

De Gaulle, Pétain'dan farklı bir karar vermişti. 85.000 Fransız askerinin İngiltere'ye kaçmayı başardığını öğrendiğinde, tüm generallerle birlikte Bordeaux'da bulunuyordu. Savaş kasasının tamamını yanında bulundurduğu için bu paralarla birlikte Londra'ya gitmeye karar verdi ve bunda da başarılı oldu. Orada Fransız askerlerine kendisine bağlılık yemini ettirdi ve sürgün hükümetinin kuruluşunu ilan etti. Bundan 4 gün sonra, 22.06.1940 tarihinde Pétain teslim oldu. Bazı kötü niyetliler, hiç parası kalmadığı için bunu yapmaya mecbur kaldığını öne sürdüler. Malûm, De Gaulle savaş kasasını İngiltere'ye götürmüştü ya!

Asla Yalnız Değiliz

Churchill ilk önce bu takviyeden çok etkilenmişti. De Gaulle'e güvenerek ona, durumun asla ümitsiz olmadığını, çünkü FDR'nin savaşa girmeye uzun zaman önce karar verdiğini, 1932'den beri sistematik olarak buna hazırlandığını ve silahlanma çalışmalarının neredeyse sona yaklaştığını anlattı, Bu çok gizli bir bilgiydi. Washington'da bile sadece birkaç hükümet yetkilisi bundan haberdardı. Dolayısıyla da Gaulle telsiz konuşmalarında bunlardan elbette bahsedemezdi. Sadece şunu söyleyebilirdi, "Yalnız değiliz", yani destek ve yardım gelecekti. Kimden? Bunu tahmin etmek zor değildi.

Bilgi Edinme Yükümlülüğü

FDR ile kongredeki bakanlarından biri arasında yaşanan ilginç bir söz düellosu, bu günlere ulaşmıştır. Başkan, ABD'nin savaşa girdiğini ve bu amaçla yıllardır milyarlarca dolar yatırım yapıldığını duyurduktan sonra, bakanlardan biri parlamentonun bilgisi dışında böyle bir şey yaptığı için onu şiddetle eleştirdi. Hükümet yetkililerinden hiç kimsenin bundan haberi yoktu. FDR'nin cevabı şöyle oldu: "Ben de sizi şiddetle eleştirmek zorundayım; çünkü hükümet yetkilisi olarak meydana gelen her olay hakkında bilgi edinmekle yükümlüsünüz". Ancak, çok gizli bir durumla karşı karşıya kaldığında, bu sorumluluğu nasıl yerine getirebilirdi ki?.
I. Dünya Savaşı'nın başlangıcından itibaren ABD'nin politikası artık seçilen hükümet tarafından değil, sadece gizli servis tarafından belirlenmektedir.

Yemen

Günümüzde Yemen'e gerçekleştirilen ve yılda 3.000'den fazla kişinin ölümüne, yani günde 10 kişinin ölümüne neden olan insansız uçak saldırıları, Senato veya Kongre bu saldırıların hedef ve amaçlarını tartışmadan gerçekleşiyor. Sadece işler sarpa sarınca, mesela 150 kişinin katıldığı bir düğün kutlaması yanlışlıkla vurulup tamamen ortadan kaldırıldığında, ancak haberdar olunmaktadır.

Fransız Sürgün Hükümeti (2.13)

Zulüm

En önemli ve etkileyici soru şuydu. ABD ne zaman savaşa katılacaktı? Amerikan halkı, bir bütün olarak Avrupa'daki savaşlara dahil olmaya karşıydı. FDR, savaşa girmeye hazır hale gelmesi için halkının feryadına neden olacak bir zulme ihtiyaç duyuyordu. Çeşitli yalan haberler yayıldı. Ancak bunlar beklenen etkiyi yaratmadı. Walt Disney, Hitler'in her sabah kahvaltıda iyi beslenmiş bir bebeği yediğini gösteren bir çizgi film yapacaktı. Ancak kısa süre önce onunla vejetaryan olduğu için dalga geçildiğinden, bunun iyi bir fikir olmadığı anlaşıldı. İkinci bir teklif ise SS (Schutzstaffel) askerlerinin hamile kadınların karınlarını keserek embriyoları çıkardıklarını ve bunları kamp ateşinde kızarttıklarını göstermekti. Bundan da vazgeçildi; çünkü SS askerlerinin süslü yemekleri sevdiklerinin değil, barbar gibi yaban domuzlarını pişirmeden yedikleri gösterilmeliydi.

Öjenik

Almanya'daki gerçekten insanlık dışı uygulamalar, o zamana dek o güzel ötenazi kelimesiyle tanımlanan, genetik olarak engelli kişilerin güya merhamet gösterilerek öldürülmesiydi. Bu uygulama, Almanya'da da büyük protestolara neden olmuştu. Ancak savaş için yeterli bir sebep olarak görülmüyordu. Öjeni konusunda uluslararası tanınırlığa sahip ilk bilim adamı ise ABD kökenliydi. Sağlıklı ırktan üreme bilimi orada doğmuştu.

Yahudi Kanunları

Ari ırk mensupları ile Yahudilerin ve diğer ırkların evliliğini yasaklayan kanun, ortodoks Yahudilerden de destek görmüştü. Kimliklerini korumak için bu karışık evliliklere karşıydılar. Hatta Hitler'in, seçim kampanyasını desteklemesi karşılığında, Rothschild'e böyle bir kanun çıkarma sözü verdiğinden bahsediliyordu. Günümüzde bile İsrail'de bir Yahudi, Yahudi olmayan birisiyle evlenemez. İsrail'de evlendirme dairesi diye bir şey yok. Nikâh haham huzurunda kıyılmaktadır. Eğer eşler bu şartları taşımıyorlarsa nikâhlarını yurt dışında, en yakın yer olan Kıbrıs'ta kıydırmak zorunda kalmaktadırlar. Burada kıyılan nikâhlar, İsrail'de tanınmaktadır.

Mers-el-Kebir

De Gaulle'in Churchill ile ilişkisi, Fransız donanmasının Mers-el-Kebir'de savaş uçaklarının saldırısına uğraması ve batırmasıyla, büyük bir sınavdan geçmişti. Bu donanma, Vichy Hükümeti'nin Afrika'daki kolonilerindeki üstünlüğünü garanti ediyordu. Ancak Churchill, hiçbir şekilde mümkün görünmese de, bu büyük savaş donanmasının Hitler tarafından kendi amaçları için ele geçirilebileceğini ve İngiltere'ye karşı kullanılabileceğini düşünüyordu. Böylece, İngiltere ile savaş halinde olmayan tarafsız bir ülkenin donanması uluslararası hukuka aykırı şekilde batırılmış ve 1.300 Fransız denizcisinin ölümüne neden olunmuştu.

De Gaulle bunu itirazsız bir şekilde kabul edemezdi. Churchill'e "bu bir savaş suçudur" dedi. Churchill elbette ona gülerek cevap verdi: "Ama eğer ben kazanırsam bu artık savaş suçu olmaz". Ayrıca: "Bana başka suçlamalarda bulunursan seni tasfiye ederim". Churchill Fransızcasıyla çok gurur duyuyordu; bu yüzden Fransızca olarak şöyle söylemişti: "Si vous m´obstaclerez je vous liquiderai". Obstacle engel demektir; ancak yoluna engel çıkartmak anlamında obstaclerer diye bir sözcük yoktur. Churchill dil konusunda yaratıcıydı.

Fileto Parçası

Başka tartışma konuları da vardı. FDR, Fransızların Hindiçin'deki en değerli yerlerinin Vietnam olduğunu duymuştu: Ele geçirilecek çok şeyi bulunan, zeki ve zengin bir halk. Churchill'e, "şu durumda bu kolonyal bölgeyi kendimize saklamak akıllıca olmaz mı" diye sormuştu. "De Gaulle'ün Londra'da senin yanında olduğunu duydum. Onu ikna edemez misin?" Churchill'in cevabı ise şöyle olmuştu: "Halihazırda ona bağlı olan 85.000 Fransız askeri var; ancak savaştan sonra mutlaka bir ihtimal gündeme gelecektir".

FDR'nin Oğlu

FDR'nin oğlunun bir yazısı, babasının Fransa'nın Vietnamlılara kötü muamelesinden endişe ettiğini teyit etmekteydi. Ayrıca onun bu ülkeyi birkaç yıl elinde tutmak istediğini; böylece buranın demokratik gelişim için hazır hale getirilebileceğini doğrulamaktaydı.

Aynısı İngiltere'nin tüm kolonileri için de geçerliydi. Roosevelt bunların hepsini Amerikan yönetimi altına almak istiyordu; çünkü, ABD yönetiminin İngilizlerden daha yetkin olduğu kanaatindeydi.

Churchill'in Yorumu

FDR, bu niyetini mümkün olan en olumlu şekilde anlatıyordu. Buraları ele geçirme gibi bir düşüncesi asla olmamıştı; aksine tek amacı iki büyük gücün aynı düzeyde bir araya gelmesinden ibaretti.

Dengesizlik

Little Fat Man (küçük şişman adam) Churchill ve yaklaşık iki metre boyundaki dev De Gaulle, birbirlerinden gittikçe uzaklaşıyorlardı. Birbirlerine uyum sağlayamıyorlardı. De Gaulle zarif, eğitimli biriyken, Churchill kültürsüzün tekiydi. Erişilemez, kutsal Greta Garbo'yla tanıştırıldığında, kamera çekimi yaparken divanın göğüslerine dokunmuştu. İnsanların neden bu kadar sinirlendiğini de hiç anlamamıştı. "Sadece gerçek olup olmadıklarına bakmak istemiştim".

Zürih'teki seçkin Dolder Oteli'nde, sadece tatlı Porto şarabı ve ağır Fransız Bordeaux içtiğinden habersiz bir şekilde, Churchill'e sek Riesling beyaz şarabı servis edilmişti. Beyaz şarap ona o kadar ekşi gelmişti ki, şarabı masada yanında oturan kişinin tabağına tükürmüştü. Bu yüzden yaşanan telaşa da anlam verememişti; tek yapılması gereken, yeni bir tabak getirilmesiydi! Bu yüzden İngilizler ona sokak çocuğu, ya da sümüklü çocuk derlerdi.

X-Day

De Gaulle, Churchill tarafından tüm siyasi kararların dışında bırakılmıştı. Müttefiklerin Bretonya'ya yapacakları çıkartmadan ancak bir gece önce haberi olmuştu. Fransız kıyı şehirlerinin bombalanması esnasında, Fransız sivil halka hiç saygı gösterilmemişti. St. Malo'nun, muhteşem bir şehir olan Caen'in ya da Alman askerlerinin konuşlandığı bahanesiyle görkemli Marsilya'nın tamamen yerle bir edilmesi de gerekçeden yoksundu.

Casablanca

Fas'a şiddet kullanılarak yapılan çıkartma ve Casablanca'nın ele geçirilmesi, uluslararası hukuka aykırıydı. Orası hâlâ tarafsız Vichy Hükümeti'nin egemenliği altındaydı. Hükümete sadık Fransız askerlerinin mücadelesi, üstün İngiliz ve Amerika güçlerinin karşısında fazla uzun sürmedi. "Sadece" birkaç yüz Fransız askeri hayatını kaybetmişti; ancak Churchill FDR ile Casablanca Konferansını gerçekleştirebilmiş ve oradan Kuzey Afrika harekâtını başlatabilmişti.

Savaştan Sonra (2.14)

Zafer Geçit Töreni

Churchill, Fransa'nın başkenti Paris'e muzaffer şekilde girmeyi planlamıştı. Zafer alayının başına birlikleriyle birlikte kendisi bulunacaktı, ardından sırasıyla Amerikalılar, Polonyalılar ve en sonda Fransız askerleriyle birlikte De Gaulle gelecekti.

Paris Çarpışması

Şehrin tüm muhteşem binalarını yerle bir edebileceği Paris çarpışmasını hevesle bekliyordu; ancak bu arzusunu yerine getiremedi, çünkü General Choltitz, Hitler'in emrini dinlemeyerek şehri savaşmadan teslim etmişti.

Şehre Giriş

Churchill zafer alayının hazırlıklarıyla vakit geçirirken, De Gaulle bu fırsatı Fransız askerleriyle şehre ilk giren kişi olmak için değerlendirdi.

De Gaulle ayrıca bu sayede, merkezleri Renault fabrikası olan komünist direnişçilerin, Paris'te Stalin'i model alan bir Sovyet Cumhuriyeti ilan etmelerini engelleme imkânı da bulmuştu.

Hayat Kadınları

Churchill, göz altında tutulan bölgelerde anlatılan fıkralar hakkında da, gizli servis tarafından sürekli bilgilendiriliyordu. İki hayat kadınının işlerin çok kötü gitmesinden şikâyet ettiğine dair fıkrayı duyduğunda, bundan şu sonucu çıkarmıştı: Alman askerleri artık kadınları becermeye ilgi duymuyorsa, savaş motivasyonları da tükenmiş demektir. Artık saldırı için uygun zaman gelmişti.

O fıkra şuydu. Hayat kadınlarından biri, sorma, bugün küçük bir parça ekmek karşılığında yapmak zorunda kaldım.

Diğeri karşılık verir, "ben de sadece karnıma sıcak bir şeyler girsin diye yaptım."

Almanlarla birlikte olan bu kadınlar savaşın sonunda kötü şeyler yaşadılar, saçları kökünden kazındı. Sokaklarda teşhir edildiler ve birçoğu vurularak öldürüldü.
Almanlarla ilişkisi nedeniyle hâkim karşısına çıkarılan ve ağzı laf yapan bir hayat kadını "mon cul est international" diyerek özür dilemişti.
Ancak bu görmüş geçirmiş hanım da kazınmış saçlarla Paris sokaklarında teşhir edilmişti.

Ayrılma (2.15)

Özel Yol

De Gaulle İngiltere ve ABD'den ayrılmak istiyordu. İngiltere'nin yer almadığı bir kıta Avrupası istiyordu. Bu ülke ABD'nin boyunduruğuna girmişti ve Avrupa'da yeri yoktu. Fransa NATO'ya da katılmamıştı; ayrıca ABD ve İngiltere'ye bağımlı kalmamak için Fransa'nın da atom bombası yapmasına önem vermişti. Bu silaha alay etmek amacıyla küçümsenerek "force de frappe" ismi takılmıştı.

Alman - Fransız Dostluğu

De Gaulle, Alman ve Fransız halklarının aslında kardeş halklar olduklarını biliyordu. Başlangıçta, İmparator Şarlman'ın zamanda, sonra onun doğunun ve batının hükümdarları olan varisleri zamanında da bu böyleydi, ta ki 19. yüzyılda talihsiz bir şekilde birbirlerinin can düşman haline gelinceye kadar. Bu konuşmayı Ludwigsburg'da Almanca olarak yapmıştı ve buradan kardeş şehir uygulamasıyla, Alman ve Fransız okulları arasında öğrenci değişimi programları ortaya çıkmıştı. De Gaulle, Alman gençliğine şöyle seslenmişti: "Çok kültürlü bir halkın çocuklarısınız ve bundan gurur duymalısınız." Bu, Almanların topluca suçlu oldukları şeklindeki İngiliz ve Amerikan yorumuna tamamen aykırıydı.

Ancak Alman yönetimi en hızlı şekilde Amerikalılara, onlarla olan dostluklarının öncelikli olduğunu garanti etmek zorunda kalmıştı. Çünkü Amerikalılar bu iki ülkenin yakınlaşmasına şüpheyle yaklaşıyordu.

Minnettarlık

Eğer bu yılın siyasi olayları geçmişe bakarak değerlendirilirse, Pétain'in rolünün daha farklı değerlendirilmesi gerekir. General tutuklanmış ve ölüm cezasına çarptırılmıştı; ancak temelde teslim olması Fransızların şehirlerinin yerle bir edilmesini engellemiş, savaşta hayatını kaybeden 27 milyon Rus ve 6 milyon Polonyalı ile karşılaştırıldığında, görece az sayıda, sadece 250.000 kayıp verilmesini sağlamıştı. Aslında Fransa'nın bunun için ona müteşekkir olması gerekirdi.

Mitterand, vaktiyle naşının yakılmış olduğu Atlantik üzerindeki bir adada bulunan mezarına beyaz bir gül koyduğunda, az kalsın cumhurbaşkanlığı görevinden istifa etmek zorunda kalacaktı. Bu, savaş histerisinin Fransa'da da halen aşılamamış olduğunun bir göstergesidir.

Veda

Savaşın sonuna kadar uzanan bu açıklamalardan sonra vakit gece yarısını geçmiş, geç olmuştu. Cynthia ve Charles veda etmiş,Douglas da eve gitmek için bir taksiye binmişti. Yakın bir gelecekte yeni bir sohbet için bir araya gelmek üzere anlaştık. Bense Houston'un evinde kaldım ve ertesi gün, çok da uzun olmayan bir uykunun ardından, Thames üzerinde yolculuğa çıktık.

3. Gün

Thames'te Gezinti (3.1)

St. Pauls

Böyle bir gezinti her zaman yeni bir deneyimdir. Tower Bridge Köprüsü yakınlarında akıntıya ters yönde düzenli olarak işleyen tekne ve gemilerden birine bindik. Modern yapıların ve yüksek katlı binaların, tarihi siluet ile böylesine güzel şekilde bir araya gelmesi muhteşem bir şey. Hem Shard, hem de Swiss Re Kulesi, Gherkin veya London Eye...

Ancak sorunlar da var; bir bina kompleksinin tamamen camdan yapılmış zarif, kavisli dış cephesi devasa bir lens etkisi gösteriyor. Güneş ışınları o kadar odaklanıyor ki, yoğunlaşan ışınlar park halindeki arabaların kaportalarında yanık noktalar oluşturuyor. Dış cephenin önündeki tamamen uyumsuz, siyah, devasa örtü ise asla bir çözüm değil.

Teknenin hareket etmesinden hemen sonra, sağ tarafta St. Pauls'un büyük kubbesi göründü. Bu katedral, İngiltere'deki devasa yangın sonrasında büyük mimar Christopher Wren tarafından eski bir kilisenin bulunduğu yere inşa edilmiş. Yer altı mezarlığındaysa, milli savaş kahramanları için yüzlerce lahit inşa edilmiş.

İngiltere'nin katıldığı birçok savaş, her İngiliz için gurur kaynağıdır. Dünyada İngiltere kadar fazla savaşa giren başka bir ülke olmadığından, Houston da coşkuyla bundan bahsediyordu.

ABD de, kuruluşundan ve bağımsızlık savaşından itibaren, İngilizleri adım adım yakalamıştır. Birleşik Devletler son 20 yıl içinde dünyanın her yerinde 1200 askeri müdahale gerçekleştirmiştir.

“Peki, Almanya için durum nedir” diye sordum. O kadar da ileri gidemediler; sizin, askerlerinizin cesaretinden duyduğunuz gururun oldukça gerisinde kalıyorlar; yani bu sıralamada oldukça sonlardadır.

İsviçre

Dünyada hiç savaşmadığımız sadece iki ülke var. Bunlar Moğolistan ve İsviçre’dir. Moğolistan’da hiç çıkarımız yok. Doğal kaynaklar ilk defa son yıllarda keşfedildi. Ancak İsviçre’den bol miktarda gelir elde edebilirdik. Ve benim için sürpriz olan da şuydu: Houston, İngiltere’ye hiç saldırı fırsatı vermediği için bu ülkeyi suçluyordu. Bir de şöyle diyordu: Dünyanın her yerinden nüfuzlu kişilerin İsviçre’deki banka hesaplarında bulunan büyük miktarlardaki paraları İngiltere Merkez Bankası çok daha iyi şekilde zimmetine geçirebilirdi.

Ciddi olamazsın. Senin içinde bir Satir var. Pekala mümkün tabii. Hikaye derlemelerinin bir yerlerinde Satirler de yer alabilir.

Serseri Bomba

Bakışlarımız St. Pauls'un kubbesine takılmıştı. Bu esnada Houston, Almanların limanlara düzenledikleri saldırılar esnasında, serseri bir bombanın katedrale isabet ettiğini hatırlamıştı. O dönemden kalma fotoğraflar, serseri bir bombanın nasıl bir yıkıma neden olabileceğini gösteriyor.

Houston, Churchill'in sıradan Londralılarla bu konuda yaptığı konuşmalardan ne muazzam şekilde etkilendiğini ve bu sembolün yıkılmasının psikolojik etkilerinin farkına vardığını da anlattı. Yıkılan evler ve endüstri tesisleri, büyük ulusal anıtların yıkılması kadar büyük bir dehşet yaratamamıştı.

Churchill'in buradan çıkardığı sonuç, uçuştan önce pilotlarına mutlaka öncelikle katedraller, kiliseler ve manastırlar gibi büyük öneme sahip binaları bombalamaları gerektiğini söylemek olmuştu.

Palatine Şapeli

Günümüzde Dünya Kültür Mirası olan, Şarlman döneminde, Kudüs'teki Kubbet-üs Sahra gibi, 800 yılı civarında ve benzer tarzda inşa edilen, Aachen'deki Palatine Şapeli, yok edilecekler listesinin en başında yer alıyordu. Eli silah tutan tüm erkekler cephede olduğu için, 16 yaşındaki lise öğrencileri, hava bombardımanı sırasında sığınağa gitmeyip bu katedrali korumayı ve eski, kuru ahşap çatıyı tehdit eden yangın bombalarını etkisiz hale getirmeyi kabul etmişlerdi.

Churchill, Alman krallarının ve imparatorlarının taç giydiği bu anıtın yok edilmesi emrini iki kere daha vermişti. Neyse ki bu çabalar başarısız oldu.

Köln Katedrali

Churchill, Köln Katedrali'nin enkaz haline getirilmesine de büyük önem vermişti. Burası tüm Almanya için ulusal bir anıttı. Bu katedralin 19. yüzyılda tamamlanması, tüm Alman devletleri tarafından desteklenmişti. Bu katedral, kilise düşmanı Fransız Devrimi sonrasında bile Hıristiyanlık inancının Almanya'da yaşamaya devam ettiğinin göstergesiydi.

Bu yapıya 70 bomba isabet etmiş olmasına rağmen dayanması şaşırtıcıdır.

Viyana

Hava bombardımanları güneyde Avusturya'ya kadar yayılınca, Churchill Viyana'yı bombalamak zorunda olan pilotlarını opera binasını ve Stephan Katedralini mutlaka yerle bir etmeleri konusunda uyarmıştı. Bunda başarılı da olmuştu. Opera binası, Viyana'nın dünya müzik başkenti olduğunu gösteren bir semboldü. Ünlü Mozart operalarını ilk olarak burada sahnelemiş ve Habsburg hanedanının üyeleri Stephan Katedrali'nde taç giymişti.

Strazburg Katedrali

Bu yapı Hitler tarafından Alman mimarisinin ulusal anıtı olarak sınıflandırılmıştı. Goethe, Strazburg'da yaşamış ve mimar Erwin von Steinbach hakkında bir yazı kaleme almıştı. Strazburg savaşın başlangıcında çarpışma alanı içerisinde olmadığı ve burada sadece Fransızlar yaşadığı için Churchill ancak 1945 ilkbaharında bu yapıyı yıkma imkânı bulabilmişti; çünkü Alman askerleri batı cephesinden Güney Almanya'ya doğru geri çekilirken Strazburg üzerinden geçmişlerdi. Böylece bombardımanın kaçan askerlere yönelik olduğunu iddia edebildi. Katedralde meydana gelen hasar çok büyüktü ve Fransızlar ancak 20 yıl sonra onu tamir etmekle ilgilenebildiler.

Globe Tiyatrosu

Sol tarafta Shakespear'ın sahnesi olan Globe Tiyatrosu göründü. Churchill, onun tüm oyunları ezbere bildiğini iddia etmişti. Gerçekten muhteşem bir hafızası vardı. Shakespear'in oyunlarını da çok beğeniyordu. Bir parçanın sona erdiğinin, herkesin bir cesede dönüşmüş olarak sahnede yatmasıyla anlaşıldığını söylerdi. Bu, onun katil içgüdüsüne çok uygundu.

Kurşun Askerler

Diskalkuliden (matematiksel öğrenme güçlüğü - e.n.) mustarip olması ve onunla hesap yapmanın beyhude olması nedeniyle, özel öğretmeni onunla devasa kurşun asker koleksiyonu ile dünya tarihinin büyük muharebelerini canlandırmayı tercih ediyordu. Wellington ile Waterloo Savaşı, Trafalgar Deniz Savaşı, Sezar ve İskender'in savaşları. Ve savaş ancak her iki tarafın tüm kurşun askerleri yere yığıldıktan sonra sona eriyordu.

Babasının Düşüncesi

Kurşun askerlerle oynamaları esnasında fırsat buldukça Churchill'in babası da onları seyrederdi ve Churchill bu konuda şu yorumu yapmıştı: "Babam askeri dehamı erkenden fark etmişti, bu nedenle de beni Sandhurst Askeri Akademisi'ne kaydettirmişti."

Daha sonraları bu övgüsünü görecelileştirmişti: "Kurşun askerlerle oynarken beni seyrettiğinde, Oxford'da okumamın söz konusu olmayacağını çok erken vakitte anlamıştı."

Savoy Oteli

Bu, muhtemelen Londra'nın en zarif otelidir ve devasa boyutlardadır. Orayla ilgili birçok hatıra vardır ve pek çok ünlü burada konaklamıştır. Otelin çatıları ve en üst katları, sağ taraftan görüş alanımıza girmişti.
Houston bana şimdiye kadar bu otelde hangi ünlü şahsiyetlerin konakladığını anlattı. En fazla ilgimi çeken, Herbert Hoover'ın I. Dünya Savaşı'nda İngiltere'de mahsur kalan bütün Amerikalıları, masrafı kendi cebinden olmak kaydıyla burada ağırlaması olmuştu. Savaş birçok kişiyi Avrupa'da aniden yakalamıştı; Amerika'ya hemen dönmeleri mümkün değildi, ancak İngiltere'de uzun süre kalmaya yetecek paraları da yoktu. Hoover, arkadaşlarından da kişisel servetleriyle destek olmaları ricasında bulunmuştu. Ancak takdirle söylemek gerekir ki, mahsur kalan bu Amerikalılar, 400 dolarlık bir meblağ dışında, kendileri için yapılan bütün harcamaları iade etmişlerdi.

Yardım Faaliyeti

Hoover, Alman güçlerinin ilerlemesi ve I. Dünya Savaşı'ndaki askeri eylemlerin Belçika halkının geçim imkânlarını tümüyle ortadan kaldırmış olmasından ötürü, geniş çaplı bir yardım faaliyeti başlatmıştı. Savaş hukuku, bir ülkeyi işgal edenin o ülkenin halkından sorumlu olmasını gerektiriyordu. Ancak bu zor durumda olan Kayzer Wilhelm için bu mümkün değildi. Özellikle de, Churchill'in emriyle başlatılan deniz kuşatması ve bunun sonucu olarak Belçika limanlarının hiçbirinin kullanılamamasından ötürü. Hoover, tarafsız bayrak taşıyan gemilerin, saldırıya uğramadan bir Hollanda limanı üzerinden Belçikalılara gıda tedarik etmesi için düşman hatları arasından geçme imkânı sağlamıştı.

Alman Kayzeri büyük bir rahatlamayla buna onay verirken, Churchill yaygarayı koparmıştı. Bunu şu şekilde izah etmişti: "Eğer Belçikalılar açlıktan ölürlerse, bu sorumluluğu Alman Kayzerine yüklenebilecek bir savaş suçu olur ve onu asmaktan memnuniyet duyarım." Belçika'nın İngiltere'nin müttefiki olmasına rağmen, Churchill, onların ölümünü, Hoover'in başlattığı bu yardım faaliyetine tercih ediyordu.

Hoover, onun en nefret ettiği kişiydi. "Ondan, Hitler'den ettiğimden daha fazla nefret ediyorum". Bu düşmanlık hakkında sana başka şeyler de anlatacağım, dedi Houston.

1927 Büyük Mississippi Sel Felaketi

Bu, o zamana kadar gerçekleşenlerin sel felaketlerinin en büyüğüydü. 70 bin kilometre kare alan, dokuz metre yüksekliğindeki suyun altında kalmıştı. Sel felaketi mağdurlarının üzerlerindeki ıslak kıyafetlerden başka hiçbir şeyleri kalmamıştı. Hoover, ilerleyen günlerde yiyecek satın alabilmeleri için, onlara kendi cebinde para yardımında bulunmuştu.

Şimdiyse bir felaket durumu ilan ediliyor, vali olay yerine bir ziyaret gerçekleştiriyor ve en kısa zamanda yardım sözü veriyor, ki bu da aylar sürebiliyor.

Başkanlık Seçimi

Bu faaliyetleriyle Hoover, Amerikan halkının güvenini kazanmış, basının hakkında yaydığı iftiralara ve yalan haberlere rağmen, bir sonraki sene başkan seçilmişti.

Benzerlikler

Günümüzde de buna şaşırtıcı benzerlikler yaşıyoruz; Amerikalılar, egemenlerin arzusuna ve tüm gazetelerin propagandasına rağmen, Hillary Clinton yerine Trump'ı başkan seçti.

Zengin bankaların Hillary'nin seçim kampanyasını desteklemek için kullandıkları bir milyar dolar, boş yere harcanmış oldu. Bu, basının her şeye gücünün yetmediğinin, çünkü sürekli olarak daha fazla kişinin basını yalancı olarak gördüğünün bir göstergesidir.

Nancy Astor (3.2)

Waldorf Astoria

Diğer bir asil ve zarif otel ise Kraliyet Operası'nın yakınlarında bulunun Waldorf Astoria'dır. Gemiden onun da çatısını gördük. Aynı kişilerin sahip olduğu, aynı isimdeki bir otel de New York'ta bulunuyor. Nancy Astor ise onun eşidir. Nancy, İngiliz Parlamentosu'ndaki ilk kadın vekildir. Bir kadın düşmanı olan Churchill onu küçümsemiş ve "parlamentoya evindeki küvetinde çıplak şekilde oturmuş ve istenmeyen birinin içeri girmesinden dolayı şaşkınlık yaşayan biriymişçesine geldiğini" söylemişti.

Parti Değişikliği

Her ikisi de birilerinin ayaklarına dolaşıyorlardı. Churchill bir asilzade olduğu için doğal olarak Muhafazakâr Parti'ye katılmıştı; Nancy Astor da bu partideydi. Bu parti zenginlerin çıkarlarını temsil ediyordu. Koruyucu gümrük tarifeleri onlara büyük kârlar sağlıyordu. Churchill, İşçi Partisi'nin çoğunluğa sahip olduğu bir seçim bölgesinden aday gösterilmişti. Seçilme şansı hiç yoktu. Bu nedenle o da İşçi Partisi'ne geçti. Orada seçilmesi kesin olan bir seçim bölgesinden aday gösterilmeyi başardı. Yoksul nüfusa daha ucuz ürünler vadeden serbest piyasayı destekledi. Bu adımı, "asıl mesele, ülkeme hizmet edebilmemdir" şeklinde meşrulaştırdı.

Nancy bunu karaktersizlik olarak gördü ve ona şöyle dedi: "Sizin karınız olsaydım, çayınızın içine zehir karıştırırdım". Churchill cevabı şuydu: "Sevgili Nancy, senin kocan olsaydım, bu çayı memnuniyetle içerdim".

Bu, bence onun en iyi nüktesidir.

Maskeli Balo

Churchill, bir maskeli baloda siyah göz bandı ve kolundaki bir ilmekle, en büyük rol modeli olan Nelson'un kıyafetine girmişti. Nancy onun yanına gelmiş ve şöyle demişti: "İstediğin her kıyafete bürünebilirsin. Herkes seni anında tanır. Ama eğer bir defa ayık gelecek olsan, kimse bu kişinin sen olduğuna ihtimal vermeyecektir". Aslında çok hazırcevap olan Churchill, o anda buna cevaben hiçbir şey söyleyememişti.

Lord Nelson'un Son Aşkı

Vivian Leigh'in oynadığı, Churchill'in kendisini bulduğu bir film vardır; öyle ki, bu filmi her seferinde gözyaşları içinde yirmi defa izlemişti. Bu film, Nelson'un aşığı Lady Hamilton'un, onun ölümünün ardından beş parasız kalarak yalvarışını ve hırsızlıkla hayatta kalışını gösterir. Bu, Churchill için çaresiz durumda dayanma gücüne bir örnektir. Tüm ulus için uygun bir örnek, Dunkirk yenilgisi sonrasında pes etmemeleridir. Churchill için bu film, Shakespeare'in oyunlarının seviyesinde bir sanat eseriydi ve bunun kanıtı, her şeyin babası olan savaşın sanatta da en yüksek düzeyde desteklenmesiydi.

Yine

Maskeli balodan birkaç gün sonra, Nancy ve Winston parlamentoda yine atışmışlardı. Nancy ona: "Yine sarhoşsun" demişti. Churchill ise ona: "İyi dinle Nancy, ben sarhoşum. Ama yarın sabah yine ayık olacağım. Sen çirkinsin ve yarın sabah aynaya baktığında bugünkü kadar çirkin olmaya devam edeceksin" diye karşılık vermişti. Bu kesinlikle centilmence bir davranış değildi. Bundan sonra her ikisi de birbirlerini rahat bıraktılar.

Hor Görülmüş Sevgi

Churchill sonraları şöyle söylemişti: "Benimle evlenmek istiyordu, ancak zaten evli olduğum için kendisini hor görülmüş hissediyordu".
Bu açıklama Churchill için çok tipiktir, ancak kesinlikle doğru değildir. Nancy Astor aslında çok güzel, zarif bir kadındı. Fotoğrafları google'da kolaylıkla bulunabilir. Ayrıca her iki dünya çapındaki otelin sahibi olan çok zengin kocası, pek de çekici olmayan Winston Churchill'den belirgin şekilde yakışıklıydı.

City of London

Bu arada gemimiz City of London'un kıyısı boyunca yol almıştı. Burası bir mil uzunluğunda ve bir mil genişliğindedir. Teknik olarak, bu dünya metropolünün merkezidir. Herkesin bilmediği ise bu bir mil kare büyüklüğündeki alanın Baron Rotschild'in özel mülkü olduğudur. Şehir, dünyanın finans merkezidir. Gündüzleri yüz binlerce kişi çalışmak için buraya gelir, ancak orada ikamet etme hakkına sahip olan sadece birkaç bin kişidir ve bunlar geceleri de burada kalır. City of London Vatikan gibi ayrı bir ülke şeklinde yönetilmemekle birlikte, kendi kanunlarına, polislerine ve yönetimine sahiptir. Kraliçe bile önceden haber vermeden oraya öylece giremez. İmparatorluğun Merkez Bankası olan Bank of England, gerçekteyse Rothschild'in özel bankası, orada bulunur. Ayrıca Temple Kilisesi ve başka kiliseler, hukuk öğrenimi veren üniversiteler, Old Bailey vs. de oradadır.

Westminster Kilisesi (3.3)

Westminster

Westminster, City Of London'un doğudaki son noktasına bitişiktir.. Bu görkemli Parlamento Binasını ve Big Ben Saat Kulesi'ni herkes bilir. Orada gemiden indik ve yürüyerek caddenin karşısındaki bin yıllık Westminster Kilisesi'ne gittik. Bu kilise, Fatih William tarafından yaptırılmıştır ve William orada taç giymiştir. O zamandan günümüze kadar tüm büyük resmi etkinliklerde etkileyici bir arka plandır. Büyük cenazeler, taç giyme törenleri ve düğünler burada gerçekleştirilir. Son olarak Prens William ve Kate'in düğünü orada gerçekleştirilmişti.

Elisabeth'in Mezarı

Muhteşem bir buluş olan sesli bir rehber aldık. Ama Houston her şeyi bana çok daha iyi anlatabiliyordu. Oldukça ihtişamlı bir tasarıma sahip olan, Büyük Elisabeth'in mezarında uzun süre durduk. Ondan sadece birkaç metre uzaklıkta, aynı tarza sahip ve aynı şekilde ihtişamlı olan Maria Stuart'ın mezarı bulunur. Oğlu I. Jacob bunu annesi için yaptırmıştı ve kafasını vurduran kraliçenin mezarından eksik kalır bir yanı olmamasına dikkat etmişti.

Maria Stuart

Maria Stuart aslında İskoçya Kraliçesiydi, ancak seyisinden kralın yatağının altına bir bomba yerleştirmesini istemiş olduğu ve bu İskoç tebaasını epeyce kızdırdığı için, oradan kaçmak zorunda kalmıştı. Talihsiz bir şekilde İngiltere'ye geldi. Talihsizce, çünkü Katolik dünya, Papa tarafından tanınmayan Anna Boleyn ile evliliğinden olan Protestan Elisabeth'in hükümdarlığını geçerli saymıyordu. Katolik bakış açısına göre Maria Stuart tahtın varisleri arasında birinci sıradaydı, çünkü VII. Henry'nin diğer evliliklerinden varisleri bulunmuyordu.

Saldırılar

Bu nedenle, Maria Stuart'ın taraftarları, bu Katolik kraliçenin tahta çıkabilmesi için, çeşitli suikastlarla Kraliçe Elisabeth'i ortadan kaldırmaya çalıştırlar. Bütün bu gerilim ve saldırılar Maria Stuart'ın yargılanmasına ve İskoç kraliçenin cellâdın keskin baltasının altında boynunun vurulmasına neden oldu.

Trajik İroni

Elisabeth, çocuğunun olmadığı konusunda ısrar ediyordu. Bu yüzden rakibesinin oğlunu varisi olarak belirlemekten başka yapacak bir şeyi yoktu. Kendisi hiç evlenmemişti ve bakire olarak adlandırılıyordu. Birçok gönül ilişkisi, özellikle büyük korsan Sir Walter Raleigh ve Francis Drake ile olan ilişkileri biliniyordu. Raleigh'in fethettiği Amerika'nın doğu kıyısındaki koloni bu yüzden Virginia -bakire ülke- olarak adlandırılmıştır. Bu muhtemelen ustaca yapılmış bir ironiydi.

Tuhaf Hikâye

Houston'un bu konuda inanılmaz bir açıklaması vardı. Diyordu ki: "Elisabeth bir kadın değil, bir erkekti. Âdem elması görünmesin diye her zaman yüksek boyunluk giyiyor ve kirli sakalı görünmesin diye kalın beyaz makyajla üzerini kapatıyordu". Yani aslında bir bakire değil, bir eşcinseldi.

Açıklama

Houston buna bir açıklama dahi ekledi. Annesinin boynunun vurulmasından sonra VIII. Henry'nin kızını tümüyle ihmal ettiğini, onunla hiç ilgilenmediğini ve kızın keşişler tarafından büyütüldüğünü anlattı. İlk evliliğinden olan taht varisi Katolik Maria ölünce, yeni bir varis aranmaya başlandı. Ancak küçük kız o kadar çok ihmal edilmişti ki,bakılması için manastıra verilmesinden kısa bir süre sonra ölmüş ve kralın gazabından korkan keşişler, aynı yaştaki küçük bir oğlan çocuğuna kız kıyafeti giydirmişlerdi. O da anlaşılan bu rolü sonuna kadar oynamıştı.

Kanatlı At

Gülmekten kendimi alamamıştım, ancak Houston bu hikâyeyi kanatlı atın üzerinde uydurmadığını, fakat eline geçenin bir teke olduğunu söyledi.

Donanma

Bu büyük kraliçenin dünya politikası bağlamındaki başarıları tartışılmazdır. İngiltere'yi bir dünya gücü haline getirmiştir. Maria Stuart'ın boynunun vurulmasından kraliçeyi sorumlu tutmak için büyük donanmasını İngiltere'ye gönderen II. Philip, büyük bir yenilgiye uğramıştı.

Bu askeri anlaşmazlığın gerçek sebebiyse, İspanya'nın yeni keşfedilen Amerika'dan altınla dolu olarak dönen gemilerinin İngiliz korsanlar tarafından saldırıya uğraması ve soyulmasıydı. İspanya Kralı buna bir son vermek istemişti.

Francis Drake

Bu adam, tüm zamanların en büyük korsanı ve en başarılı deniz hayduduydu. Kimse Elisabeth'e ondan daha fazla altın getirmemişti. En büyük numarası, İspanyol gemilerini İspanya'nın bir savunma hattı kurduğu Atlantik'te değil de, hiç hesaba katmadıkları Pasifik'te soymasıydı. Onun Golden Hinde adlı gemisine de sonra bir göz atacağız. Bu gemi Thames'te demirlemiş haldedir. Ancak elbette bu aslının bir kopyasıdır. Drake, elbette ki Büyük Elisabeth tarafından soylular sınıfına alınmıştı.

Kendisi aynı zamanda dünyanın çevresini canlı olarak dolaşan ilk denizcidir. Çaldığı altını batı yolundan, yani Hindistan üzerinden Afrika'nın güney ucunu dolaşarak İngiltere'ye getiriyordu.
Macellan yolun yarısında, Cebu adasında yerliler tarafından mideye indirilmişti. Gemilerinden yalnızca biri Portekiz'e geri dönebilmişti.

I. Jacob

Maria Stuart'ın oğlu ve Elisabeth'in halefi, halk tarafından hiç sevilmemişti. Elisabeth'in oğlu Carolus Stuardus ise daha da az sevilmişti. Onun hayatı da boynunun vurulmasıyla son bulmuştu. Hükmü infaz eden bu defa Cromwell olmuştu. İngilizler boyun vurma konusunda takdire şayan bir şekilde başarılıydılar. Fransız Devrimi'nde, Marie Antoinette ile XVI. Luois'in boyunlarının vurulmasından çok önce İngilizler bu konuda uzmanlaşmışlardı.

Şairler Köşesi

Kilise nefinin sonunda İngilizler büyük şairleri ve müzisyenleri için bir hatıra köşesi oluşturmuşlardı. Büstler ve hatıra levhaları, onların en büyük sanatçılarını hatırlatmaktadır. Bu köşe son derece etkileyicidir ve birçok hatırayı canlı tutar. Ayrıca Händel'in büstü de, onun Londra'daki hayatını ve çalışmalarını hatırlatmaktadır. Mesih'in ağzından Haleluya'sı unutulmazdır. Elbette orada, soneleri de büyük oyunları kadar değerli olan Shakespeare'in bir heykeli bulunmaktadır.

Unutulmaz David Coperfield romanının yazarı Dickens için zemine bir plaket yerleştirilmiştir. Chaucer ve dekamerondan daha sanatsal olan Canterbury Hikayeleri de hatırlanmaktadır. Thomas More, ütopya, Thackeray, sosyetik yaşam. Lord Byron, Yeats, Keats; hepsi burada temsil edilmektedir. Wordsworth, "a host of golden daffodils" adlı manzumelerinde ada çimenler, nergis ve çuha çiçeğiyle dolunca ilkbaharın tüm sihrini az sayıda kelimeyle tasvir etmektedir.

Almanya'da da böyle bir hatıra köşemiz olmasını arzu ederim.

Alman - İngiliz Dostluğu

Almanya ve İngiltere arasındaki sıkı edebi ve kültürel bağlar, Goethe devrinde Shakespear'in kabulüyle başlamıştır. Bu, Almanya ile Fransa arasında kurulan ve çok değerli ilişkilerin geliştirilmesine imkân sağlayan dostluğun bir benzerinin, Almanya ve İngiltere arasında kurulmasına vesile olarak değerlendirilebilir. Almanların özellikle İngiliz roman yazarlarını diğerlerine tercih etmesi durumu, günümüze kadar süregelmiştir

Savaş Odaları (3.4)

Parlamento Meydanı

Şairler Köşesi, katedral turunun sonunda yer alıyordu. Sesli rehberimizi tekrar geri verdik ve yürüyerek Parlamento Meydanı'ndan geçip Churchill Heykeli'nin önünden Savaş Odaları'na doğru ilerledik. Odaların girişi, Hazine Dairesi'nin arka tarafında bulunur. Churchill'in anıtı, Parlamento ile II. Dünya Savaşı'nı yönettiği komuta merkezinin arasına yerleştirilmiştir.

Bronz Churchill Heykeli

"Ufak şişman adam" lakabı, aşırı büyük bir komutan paltosu ile sarılmıştır. Etkileyici yüz ifadesi gerçekten çok iyi yakalanmıştır ve purosu olmadan bile herkes onu anında tanıyabilir. Burada, "tüm zamanların en büyük kumandanı" olan, Adolf Hitler için kullanılan aşağılayıcı bir lakap olan Gröfaz'ı yenen kişi olarak durmaktadır. Oysa herkes, İngiltere'nin kazandığı zaferleri hem birinci, hem de ikinci dünya savaşında, sadece ve sadece galiplerin yanında yer alan ABD'nin müdahalesine borçlu olduğunu bilmektedir.

Sudeten Krizi

Savaş Odaları'nın, 1938'in başlarında, Sudeten Krizi nedeniyle kaçınılmaz olarak yaklaşan Almanya savaşı tehlikesine karşı, savaş hükümeti için bir sığınak olarak inşa edildiği düşünülmektedir. Zemin kat ile altında bir kat daha bulunan bodrum katı arasında yer alan üç metre kalınlığındaki beton, o zamanın bombalarına karşı en iyi güvenliği sağlamak için yeterli görülmüştür.

Baruch

Borsa spekülasyonlarıyla en zengin kişilerden biri haline gelen "Wallstreet' Kralı", arkadaşı Churchill'e savaş tahvilleri almasını tavsiye etmişti. Churchill, bu tavsiyeye uymak için milyonluk bir kredi bile almıştı. Ancak bu tahviller Münih'te imzalanan barış anlaşması ile değersiz hale gelmişti. Churchill tamamen iflas etmişti. Artık kredisinin faizini bile ödeyemiyordu. Chartwall'daki özel evini bile rehin vermek zorunda kalmıştı.

Anlaşmaya Dair Eleştiriler

İnsan bunu bildiğin zaman, Churchill'in Münih Anlaşması'na getirdiği insafsızca eleştirilere başka bir gözle bakabilir. Ama Paris ve Londra'da halkı coşkulu kutlamalar yapıyordu, çünkü ne de olsa bir savaş önlenmişti..

Kazanç

Bu, savaşın halk tarafından kan, ter ve gözyaşı olarak görülmesinden ötürü anlaşılabilir bir durumdur. O zaman gerçekten savaş patlak vermiş olsaydı, Churchill meşhur "size kan, ter ve gözyaşı sözü veriyorum" sözüne bir de nükte eklerdi. Şunu söylemek istemişti: "Ama ben ve arkadaşım Baruch kazanç elde ediyoruz".

Ama bu noktanın onları eğlendireceği, çok şüphelidir.

Strakosch

Baruch, Churchill'in uğradığı finansal felaketi elbette bir şekilde dengelemek zorundaydı. Bunu hiç zorlanmadan yapabilecek olan Viyanalı, zengin Yahudi Strakosch'tan, milyonluk borcu ve değersiz hale gelen savaş tahvillerini üstlenmesini rica etmişti. Tanrıya şükür, bir yıl sonra savaş patlak vermiş ve Strakosch bu merhametli davranışının karşılığını binlerce misliyle almıştı; çünkü savaş tahvillerinin değeri yeniden yükselmişti.

Giriş

Bir sürü ziyaretçi giriş kapısının önünde bekliyordu. Hemen bitişikte bulunan harika güzellikteki St. James Parkı'na bir kez daha göz attık. Ağaçların dallarının ve yapraklarının arasından, uzaktaki Buckingham Sarayı görünüyor. Ardından bekleme sırasına girdik ve çok detaylı bir üst aramasına tahammül ettik.

Ne de olsa böyle tarihî bir yere yapılacak bir saldırı, müthiş bir manevi etki yaratırdı.

Churchill'in heykeli kirletildiğinde de büyük bir heyecan yaşanmıştı. Heykelin üzerine gamalı haç çizilmiş, sonra dışkıya bulanmış, ayrıca da üzerine işenmişti. Heykelin kafasının üzerine konan ve beyaz dışkılarının yüzüne bırakan güvercinler de bir başka sorundu. Ancak yine de buna bir çözüm bulmuşlar. Metale sürekli elektrik veriliyor, böylece en azından güvercinler artık üzerine konamıyor. Churchill'in kafasının etrafına dikenli teller dolama fikrinden, çarmıha gerilen İsa'nın kafasındaki dikenli taca olan büyük benzerliği nedeniyle vazgeçilmişti.

Konferans Odası

İçerisinden geçilen ilk oda, Churchill'in savaş kabinesiyle toplantı yaptığı küçük bir odadır. Sonuçta bu Savaş Odaları lüksten nasibini almamıştı. Burada hepsi de ağır sigara tiryakisi olan bir sürü inan bir araya gelmişti, Churchill'in purosu zaten ağzından hiç düşmüyordu, ayrıca o dönemde klima da yoktu. Bu odalarda geçirilen beş savaş yılı herhalde hiç de keyifli olmamıştı.

Tuvalet

Sol arka tarafta dikkati çeken, soğuk hava depolarında bulunanlara benzeyen hava geçirmez bir kapı vardır. Ayrıca tamamen ses geçirmezdir. Bu, Churchill'in kişisel tuvaletinin kapısıdır. Onun dışında kimse buraya giremezdi. Churchill'in kişisel tuvaletinde bir saat oturduktan sonra büyük bir aceleyle ortak tuvalete koşması gerçekten çok tuhaf görünmüş olmalıydı. Kişisel tuvaleti aslında, FDR ile doğrudan bağlantısı bulunan ve sadece onun erişimine açık olan bir verici istasyonunun bulunduğu hava geçirmeyen bir odaydı.

Şifresinin kırılması korkusu nedeniyle bu bağlantının kendi gizli dili vardı. Churchill ve Roosevelt bu gizli kodun Almanlar tarafından asla kırılamadığına inanıyorlardı. Ancak Almanların bunu başardığını bildiren haberler vardır.

Enigma

Almanlar teknik açıdan kırılması mümkün olmayan, Enigma adında bir şifreleme geliştirmişlerdi. Ancak dâhi bir İngiliz, imkânsız görünen bu işi başarmıştı. Almanların genelkurmay yetkilileri ve müttefik kuvvetler arasında gerçekleştirilen tüm gizli mesajların şifresi kırılmıştı. Bir homoseksüel olan bu İngiliz'in trajik sonu son derece sarsıcıdır. Onu hadım etmişlerdi. Bunun sonucunda ağır bir depresyona girmiş, ardından da canına kıymıştı.

Kırılamayan tek gizli dil, Amerikalıların mesaj iletmek için kullandığı Hopi yerlilerinin konuştuğu lehçeydi. Bu şifreyi çözmek için muhtemelen Champollion'un hiyerogrifleri çözmek için ihtiyaç duyduğu zaman kadar bir süre gerekecekti.

Mutfak ve Yatak Odası

Ucuz pişirme kaplarının bulunduğu mutfak oldukça sadeydi. Burası sadece Churchill'e aitti. Aşçı sadece onun için pişiriyordu. Zehirlenme korkusu nedeniyle Churchill'den başka kimse odada bulunamıyor veya onunla birlikte yiyemiyordu. Tek kişilik bir yatağın bulunduğu yatak odası çok basitti. Karısı Clementine, Chartwell'deki özel evinde kalmak zorundaydı. Lüksün her şey demek olduğu bir adam için bu çok büyük bir özveriydi?

Harita Odası (3.5)

Dünya Haritaları

Sehpaların üzerine yerleştirilmiş olan devasa duvar haritalarının üzerine, o dönemin cephe hattı raptiyelerle işaretlenmişti. Churchill, arkadaşı Franklin'e mümkün olduğu kadar fazla bilgi vermeye çalışıyordu, çünkü Franklin coğrafya konusundan bihaberdi. Bu, tüm Amerikan politikacılarının karakteristik özelliğidir. Aslında halkın tümü gibi, onlar da tam bir izolasyon içinde yaşamaktadır.

San Diego

Churchill'in yardımı olmasaydı, FDR Japonları ilk saldırıyı düzenlemeleri için kışkırtmayı asla başaramazdı. Uçan kaplanları Japonlara çok büyük kayıplar verdi, yüzlerce gemiyi batırdı ve FDR istediği zaman bu sayıları artırabildi. Ancak Japonlar bunların hepsine tahammül ettiler. Nihayet Churchill Japonların ABD'ye bir saldırı düzenleyecek durumda olmadıklarına işaret etmek zorunda kaldı. Uçaklarının menzili anakaraya, tüm Pasifik Filosu üssünün bulunduğu San Diego'ya ulaşamıyordu. Roosevelt'in bu filoyu Hawaii'ye kaydırması gerekiyordu. Bu, Japonya ile aradaki yolun yarısıydı. Amerikan gizli servisi bu bilginin sızmasını sağlamıştı. Ancak bundan sonra "Utanç Günü (day of ignominy)" yaşanabilirdi. Churchill artık kutlama yapabilirdi; çünkü Almanya'ya karşı olan savaşında Amerikalıları artık resmen kendi yanına almıştı.

Uçak Gemisi

Amerikalılar modern bir savaşta artık gemilerin ve zırhlı kruvazörlerin belirleyici olmadığını anlamışlardı. Uçaklar daha hızlıydı ve bir bomba zırhlı olmayan bir gemiyi rahatlıkla batırabiliyordu. Bu nedenle zaten eskimiş olan Pasifik Filosu'nu olduğu gibi yem olarak feda edebildi. Elbette bir gece önce dört modern uçak gemisi Japonya'ya, yani Midway Adasına yaklaştıktan sonra. Savaş ilanından hemen sonraki günlerde oradan Japon şehirlerinin bombalanmasına başlayabilmişlerdi.

Arizona

Pasifik Filosu'nun yok edilmesinin arkasında sarsıcı, son derece insanî hikâyeleri bulunuyordu. Arizona gemisi yan yatmış ve bir kısmı su üzerinde kalmıştı. 1300 denizci kamaralarında sıkışıp kalmıştı ve onlara yardım edilemiyordu. Geminin gövdesinde sıkışanların hayatta kalma mücadelesi günler boyunca sürmüştü.

İkinci Saldırı Dalgası

Japonlar burada ikinci saldırı dalgasını gerçekleştirdiler. Honolulu Havaalanı'ndaki tüm uçaklar, daha havalanamadan imha edildi. Yakıt tanklarına yönelik üçüncü bir saldırı dalgası da öngörülüyordu. Bu iptal edildi; çünkü Japonlar, bu kadar hasarın Amerikalıları barış görüşmelerine ikna etmek için yeterli olacağını düşünüyordu. Ancak bu büyük bir hataydı. Yakıt olmasaydı yerine yenisinin koyulması haftalarca sürerdi. Ancak şimdi Roosevelt hemen saldırıya geçebilirdi.

Tokyo

Sık sık deprem yaşanması nedeniyle Japon şehirleri çoğunlukla tek katlı ve ahşaptan inşa edilmişti. Tokyo'ya, düzenlenen ve çoğunlukla yangın bombalarının kullanıldığı hava saldırısı, kasırga şiddetinde bir yangın fırtınasına neden oldu. 100.000'den fazla kişi hayatını kaybetmişti. Japonya'nın tüm büyük şehirlerine gerçekleştirilen bombardımanlar ve çok yüksek ölü sayıları batıda hiç bilinmez.

Soykırım

Japonya'ya karşı sürdürülen savaş, başından itibaren sivil halka yönelmişti. Japonya'nın dört ana adasının hepsi volkanik adalardı; dolayısıyla buralarda doğal kaynak bulunmuyordu ve bu da buraları Amerikalıların gözünde değersiz hale getiriyordu. Buna karşın halk yetenekli ve akıllıydı. Ekonomi savaşında güçlü bir rakipti. Bu nedenle, bu dört adanın meskun vaziyette kalması, Amerikalıları ilgilendirmiyordu.

Churchill'in Çağrısı

Churchill tüm askerlere şu çağrıda bulundu: "Herkesi öldürün: Erkekleri, kadınları, çocukları. Sağlıklıları ve hastaları. İyileştikten sonra muhtemelen yine bize karşı savaşacak olan yaralıların bulunduğu hastaneleri neden bombalamayalım ki?"

Çağrısının devamı tam olarak şudur: "Alman ırkı tamamen ortadan kaldırılmalıdır."

Savaş İlanı

Churchill, Japonlara karşı savaş ilanını yeterince güçlü şekilde formüle etmediği için eleştirilmişti. Bu eleştiriye şöyle karşılık vermişti: "Eğer birini öldürmek istiyorsam, bunu neden nazik şekilde yapmayayım ki?"

Açıklama

Houston bu hikâyelerle, sadece yüzeysel olarak bilgi sahibi olduğum konularda pek çok yeni şey öğrenmemi sağlamıştı. Ancak bir cümleyi bana tam olarak açıklaması gerekiyordu. "Japonların barış görüşmelerine zorlamak istediklerinden bahsediyorsun. Ama bunu anlayamıyorum. Savaş Pearl Harbor saldırısıyla başlamamış mıydı?"

Bilgisizlik

Japonların "sürpriz saldırıyı" gerçekleştirdikleri zaman Amerikan halkı ne kadar bilgisizdiyse, sen de o kadar bilgisizsin. ABD'nin gizli iktidar elitinin Japonya'ya karşı bir savaş planladığı hakkında muğlak bir önsezi vardı. Ama net olarak bilinen bir şey yoktu. "America first" girişimi şöyle bir propaganda yapıyordu: Öncelikle ülkemizin altyapısını iyileştirin, ekonomiyi canlandırın, çalışan nüfusun hayat şartlarını iyileştirin. Japonya'ya karşı savaşa ihtiyacımız yok.

Roosevelt buna sadece gülüyordu. Bu aptallar bizim beş yıldır Japonlarla savaş halinde olduğumuzu bilmiyorlar.

Çin-Japon Savaşı

Amerikalı yöneticiler, büyük meblağlarda paralar harcayarak Başkomutan Çan Kay Şek'i Sosyalist Enternasyonal'den ve Komintern'den ayırmayı ve onu milliyetçi yapmayı başardılar. Büyük Çin İmparatorluğu'nun yöneticisi olarak kendisini ispatlamak için Kore'yi fethetmesi gerekiyordu. Burası o zamanlar Japonya'ya aitti. Başkomutan bütün savaş giderlerini ve teçhizatını ABD'den hediye olarak almıştı. Savaş başlatmak için, en azından sıcak savaşa geçiş için her zaman gerekli olan karşılıklı ateş açılmasına neden olacak olayları provoke etme konusunda Amerikan Gizli Servisi de yardımcı olmuştu.

Modern Yazar

Houston burada sözlerine kısa bir ara verdi. Ardından güldü ve açıkladı: "Modern teknoloji hayatlarımızı nasıl da kolaylaştırdı! Eskiden yazarın tüm bu olayları uzun uzun anlatması ve tarif etmesi gerekiyordu". Ben buna şöyle karşılık verebildim: "İlgilenenler, detayları internetten okuyabilir". Çok yaşa internet ve wikipedia!

Savaşın Gidişatı

Çin ile Japonya arasındaki savaş, Roosevelt'in düşündüğü gibi ilerlemiyordu. Kore'nin hızlı şekilde fethedilmesine rağmen güçlü misillemeler yaşanıyordu, sonunda Roosevelt Çan Kay Şek'i ödemeleri durdurmakla tehdit etti, ki bu muharebenin durması tehlikesini ortaya çıkarıyordu. Bu tabii ki olabilecek en kötü şeydi.

Uçan Kaplanlar

Roosevelt'in başka şansı kalmamıştı; Çinlilere somut bir şekilde yardım etmesi gerekiyordu. Elit uçak birliği olan Uçan Kaplanları onların hizmetine sundu. Çarpıcı bir şekilde boyanmış bu uçakların resmine internetten bakılabilir. Resmen bunun bir hükümet birliği olması mümkün değildi; bu nedenle gönüllü olarak adlandırıldılar. Hatta Roosevelt bunların asi olduklarını ve hükümetin rızası dışında, yalnız başlarına hareket ettiklerini söylemişti. Ancak maaşları onun tarafından ödeniyordu ve uçak kayıpları Amerikan silah envanterinden karşılanıyordu.

Gizlilik

Beş yıl süren bir savaşın ve Uçan Kaplanlar büyüklüğünde bir savaş uçağı birliğinin tüm ulustan bir yıl boyunca saklanabilmesi, neredeyse bir mucizedir. Elbette, basın ağzını kapalı tuttuğu takdirde, halka başka kim bilgi verecekti ki? Roosevelt'in selefi Başkan Herbert Hoover bile Japonya'yla yürütülen gizli savaştan haberdar değildi ve Pearl Harbor saldırısını mutlak bir şaşkınlıkla karşılamıştı.

Roosevelt ve Churchill dışında herkes için, bu savaş sanki bir sihirbazın şapkasından çıkmıştı.

Müze (3.6)

Ermeni Konyağı

Savaş Odaları'nın yanına bir müze kurulmuştur. Buralardan bulunan büyük panolarda, birçok tasvir bulunmaktadır. Büyükçe bir masanın üzerinde örneğin boş şampanya şişeleri gibi Churchill'in günlük eşyaları göze çarpar. Bunun yanında şarap teslimatlarının faturaları durur. Churchill, viskiye duyduğu büyük ihtiyacı, arkadaşı Johnny Walker'dan hediye olarak karşılamıştır. Ayrıca onun Ermeni konyağına olan meşhur düşkünlüğü, Yalta Konferansı'ndan sonra Stalin'in her yıl ona bir kasa konyak göndermeyi devlet görevi haline getirmesine neden olmuştu.

Aşk Mektubundan Daha Güzel

Churchill'e göre en seçkin Fines de Champagne'den daha iyi olan bu konyağın alkol oranı çok yüksektir, hatta Churchill bu yüzden ciddi sorunlar çekmiş ve bu durum ailesine de yansımıştı Ellerindeki titreme o kadar artmıştı ki artık kadeh tutamaz hale gelmişti; o da bunun böyle devam edemeyeceğini anlamıştı. İçkiyi bırakmak için tedavi alması kaçınılmazdı. Tedavi, başarılı olmuştu. Bunu o çok sevdiği Clementine'a haber şöyle haber vermişti: Yeniden sağlam bir ele sahibim, titreme tamamen kayboldu. Son üç gün içinde yine 144 ötücü kuşu vurabildim. Clementine büyük bir mutlulukla cevap verdi. Mektubu müzede sergilenmektedir. "Mektubun beni en güzel aşk mektubundan çok daha fazla mutlu etti".

Ermeni İsyanı

Churchill'in konyakla olan tanışıklığı, onun uzunca bir süre Ermenistan'da kalmış olmasından kaynaklanıyordu. İngiltere, Osmanlı Sultanına karşı gizlice çalışan birçok merkez kurmuş ve donatmıştı. Bunların masrafları İngiliz Hükümeti tarafından karşılanıyordu. Bu nedenle bugün olsa Putin bunları ajan olarak sınıflandırırdır. Osmanlı İmparatorluğu'na karşı planlanan savaşa hazırlanmak için yönetimin güçten düşürülmesi gerekiyordu. İngilizler bunun için Müslüman Osmanlı sultanına karşı direnişi ideolojik olarak desteklemesi gereken Ermeni Kilisesi'nin yardımına başvurdu. Aynı zamanda keskin nişancılar yetiştirdiler ve bunlara lojistik destek sağladılar. Ondan fazla üst düzey hükümet yetkilisi, İngilizlerin yardımıyla öldürüldü. Hatta sultana düzenlenen bir suikastta bile İngiliz parmağı vardı.

Soykırım

Savaş başladıktan ve bir Ermeni isyanı çıktıktan sonra, İstanbul'daki yönetim artık bir çözüm bulamaz hale gelmişti. Bunun yanı sıra, Ermenilerin Ruslarla iş birliği yapmasından çekindiği için, Ermenileri tehcir etmeyi tek çıkış yolu olarak gördü. Bu tehcirin nasıl bir felakete neden olduğu, artık herkes tarafından anlaşılmış bulunuyor. İngilizlerin Ermenileri kışkırtmasından ise kimse söz etmiyor.

Bu yüzden Erdoğan, bu felakette tek suçun Türklere ait olduğunu kabul etmiyor. Bu, anlaşılır bir durum.

Boş Şampanya Şişeleri

Bu şişeler onun Cinnah ile olan yakın arkadaşlığını hatırlatmaktadır. Cinnah Hindistan'dan ayrılmış ve yıllarca Londra'da yaşamıştı. Kendisi bir Müslüman'dı ve aslında alkol içmemesi gerekiyordu; ancak o sekülerleşmiş bir İslam'ı temsil ediyordu. Ona göre alkol yasağı yoktu. Churchill, onu İngiltere'nin Hindistan üzerindeki hâkimiyetini tehdit eden Mahatma Gandhi'ye karşı bir müttefik olarak görmüştü. Cinnah İngiltere'yi o kadar çok sevmişti ki, geri dönmeyi aklına bile getirmez olmuştu. Ta ki Churchill onu Gandhi'ye karşı mücadele etmeye zorlayana dek. Cinnah, 100 eğitimli savaşçı ve 100 milyon dolar ile Hindistan'a gönderildi.

Devletler Kurucusu

Bu 100 savaşçıdan her birinin 100 savaşçı eğitmesi gerekiyordu. 100 milyon doların bunun için kullanılması ve ardından Gandhi'ye karşı harekete geçilmesi gerekiyordu. Cinnah, gerçekten de Müslümanların Hindulardan ayrılmasında başarılı oldu. Bu 1 milyon kişinin ölmesine ve 13 milyon kişinin yerlerinden olmasına, ancak iki yeni devletin kurulmasına yol açtı: Hindistan ve Pakistan (Pakistan başta Doğu ve Batı olarak ikiye ayrılmış durumdaydı). Cinnah, Pakistan'ın kurucusu olarak kabul edilir. Etkileyici mozalesi Karaçi'de hayranlıkla seyredilebilir.

Gandhi'nin Öldürülmesi

Churchill, vedalaşma esnasında arkadaşına şu tavsiyede bulunmuştu: "Gandhi'nin öldürülmesi için bir Hindu seçmelisin, kesinlikle bir Müslüman değil. Yoksa ilk şüpheli sen olursun". Nitekim gerçekten de böyle yapıldı ve Churchill, Gandhi'nin 1947 yılında öldürülmesini büyük bir memnuniyetle görmüş oldu. Şampanyalı ziyafetler, hakkını vermişti.

Cinnah, II. Dünya Savaşı sırasında askerleriyle İngiltere'yi destekledi. Ancak, Gandhi'nin öldürülmesinden sadece bir yıl sonra kendisi de öldü. Günümüzde Pakistan artık kesinlikle İngiltere ve Amerika'nın müttefiki değildir. Churchill'in hesabı bu defa tutmamıştı.
Geriye ise yüzyıllar boyunca sorunsuz bir şekilde barış içerisinde birlikte yaşamış olan Hindistan ve Pakistan, Hindular ve Müslümanlar arasındaki düşmanlık kaldı.

Karikatürler (3.7)

Pitbul ve Kaplan

Müzede Churchill'in pitbul, arkadaşı Clemenceau'nun ise kaplan olarak tasvir edildiği çok güzel karikatürler bulunmaktadır. İkisini birbirine ömür boyu süren bir dostluk bağlıyordu ve her ikisi de kendilerine buldog ve vahşi kedi lakaplarının takılmış olmasından gurur duyuyordu.

Hafta Sonu

Clemenceau hafta sonları Paris'ten, arkadaşı Churchill'in Chartwell'deki özel konutuna gelirdi. Orada, içki masasında, henüz savaş patlak vermemişken, Afrika'daki Alman kolonilerini nasıl paylaştırabileceklerinin hayalini kuruyorlardı.

Churchill, Alman Doğu Afrikası'nda, yani Kahire'den Cape Town'a kadar, İngiliz kolonileri arasında bir tek bile anklavın bulunmasını istemiyordu. Clemenceau ise Batı Afrika'daki Fransız sömürge bölgesinin birleşmesi için, Kamerun ve Gana'yı istiyordu.

Bağdat ve Şam

Churchill ile Clemenceau'nun her ikisi de Osmanlı İmparatorluğu'nu bir savaşın içine çekebileceklerinden emin oldukları için, İngiltere zaten Mısır'ı ele geçirmiş, Fransa da Cezayir ve Tunus'u topraklarına katmış olduğundan, savaşın başlamasından sonra Osmanlı İmparatorluğu'nun kalanını da aralarında paylaştırdılar.

Churchill, İngiltere için bereketli Mezopotamya'yı, bugün Irak olarak bilinen bölgeyi ve Alman Kayzeri'nin kendisini çok kızdıracak şekilde demir yolunu inşa ettirdiği efsanevi başkenti Bağdat'ı işgal etti.

Clemenceau Fransa için, Alman Kayzeri'nin Müslümanlara hitaben, Clemencaus'u çileden çıkaran meşhur konuşmasını yaptığı yer olan muhteşem şehir Şam'ı işgal etti. Buna etrafındaki Suriye toprakları de eklendi.

Musul

Sınırlar çizilirken Musul'daki zengin petrol yataklarının İngiltere'nin elinde kalmasının göz önünde bulundurulması gerektiği için, Kürtlerin yaşadığı bölge suni bir sınır ile ayrıldı; bu ayrım bugüne kadar büyük gerilimler ve anlaşmazlıklara neden oldu.

Kudüs

Churchill, arkadaşı Baruch'un Herzel'in modeline göre Yahudi devletini kurmak istediği kutsal toprakları, yani Filistin'i elbette kendisine aldı. Ve aslında şarap içerken kurulan bu hayaller, sonradan gerçek oldu. Balfour'un Churchill'in emriyle Amerikalılara Yahudilerin Filistin topraklarında kendi devletlerini kurabileceklerine dair verdiği sözün karşılığında, Amerikalılar dünya savaşına katıldı. Üç gün sonra bu ülkeyi ele geçirmek için gelen ilk savaş gemisi Filistin sahillerine ulaşmıştı. Balfour, İngiltere daha ele geçirmeden, bu toprakları Yahudilere söz vermişti.

Lübnan

Herkesin arzu ettiği Filistin İngiltere'ye ödül olarak verildiği için, Lübnan ve Beyrut'un Fransızlara bırakılması gerekiyordu.

Buradan, bu içki sofrasının basit bir içki sofrası olmadığı, aksine burada dünya tarihinin yazıldığı görülmektedir.

Aldatma

Bu vesileyle hem pitbul hem de kaplan, en önemli müttefiklerinden birini vicdansızca aldatmış oldular: Arap Kralı Feysal. Son derece zeki ve yetenekli bir arkeolog olan Arabistanlı Lawrence, bu hükümdarın güvenini kazanmıştı. Faysal'ın gücünün dayanağı, kutsal Mekke ve Medine şehirlerini elinde bulundurmasıydı. Lawrence, onu İstanbul'daki Sultana karşı bir ayaklanma başlatması için ikna etmeye çalışıyordu. Ödül olarak ona, Şam, Bağdat, Beyrut, Kudüs, Amman ve Mekke'nin güneyinde Yemen'in tamamını içinde barındıran birleşik bir Arap Krallığının hükümdarlığı vaat edilmişti. Churchill, Lawrence'a finansal kaynaklarını neredeyse sınırsız yükseklikte meblağlarda belirleme özgürlüğü tanımıştı. Feysal, mücadele devam ettiği müddetçe aylık 350.000 Sterlin talep etmişti. Bu, 2 yıldan daha uzun bir süreydi. Churchill ve Clemenceau, başından beri aldatıldığını anlayınca Feysal'ın kendilerine karşı mücadele etmesinden korktukları için, Feysal'ın savaşçılarını Sultana karşı isyan için kuzeyde bulundurduğu süre zarfında, İbn Suud'u Feysal'ın topraklarının merkezini, yani müstahkem Riyad şehrini, Mekke'yi ve Medine'yi işgal etmesi için teşvik etmişlerdi. Arabistanlı Lawrence bu ihanete katılmamıştı.

Domuzcuk Dick

Müzede, Churchill'in kendisi tarafından çizilmiş başka bir eğlenceli karikatür daha vardır. Sevgili Clementine'nin onu sevgiyle isimlendirdiği gibi, kendisini "domuzcuk" olarak resmetmiştir. Kendisi de lakaptan gayet hoşlanıyordu. Domuzların insani bir şeye sahip olduklarını düşünüyordu. Köpekler fazlasıyla itaatkar ve kediler de fazlasıyla sinsidir. Ama domuzlar biz insanlara çok benzerler.

Resim (3.8)

Yetenek

Churchill, bir ressam olarak gerçekten de yetenekliydi. Tüm resimleri slayt gösterisi şeklinde izlenebilir. Bunlar çoğunlukla Güney Fransa'dan manzaralardır. Ağaçları, özellikle çam ağaçlarını severdi. "Tam olarak benzetemesem de ağaçlar sorun etmezler, ancak insanlarda durum çoğunlukla böyle değildir".

Portreler

Bununla birlikte, fotoğraflara bakarak gerçekçi şekilde resmetmek istediği portre denemeleri de yapmıştır. Bu konuda ustalaşmıştır, hatta Sanat Akademisi ona "Sosyal Bilimler Yüksek Lisansı (Master of Arts)" derecesi vermiştir.

Terapi

Depresyona girdiği vakitler, resim yapmak genellikle onun için bir terapiydi. Hayatın stresini tedavi etmek için öbür dünyada ilk olarak 10 milyon yıl resim yapmak istediğini söylemiştir. Son günlerinde hayatını "It's all so boring (her şey çok sıkıcı)" şeklinde özetlemişti.

Karşılaştırma

Bilindiği üzere Hitler de resim yapardı ve her ikisinin de benzer tarza sahip olmaları çok şaşırtıcıdır. Renk gölgelendirmeleri neredeyse aynıdır ve tarzları postempresyonist olarak adlandırılabilir. Fakat Hitler'de çoğunlukla mimari yapılar öne çıkar. Churchill, rakibiyle doğrudan karşılaştırıldığında kendini avantajlı gördüğü için mutlu olurdu. Hitlerin en pahalı resmi 40.000 Sterlin"de kalırken, onun resimlerinden birisi 60.000 Sterlin"e ulaşmıştı.

Veciz Sözler (3.9)

Derleme

Churchill'in vecizeleri tanınmıştır. Nükteleri erişime açık şekilde derlenmiştir. O kadar ünlüdürler ki, neredeyse herkes bunları bilir. Örneğin, "Fikirlerimi ifade ederken kendime göre değiştirdiğim istatistikleri kullanırım" veya "Anlaşmalar ihlal edilmek için vardır".

İki kişi aynı düşüncedeyse, bunlardan biri gereksizdir.

Sigara içen biri, sigaranın sağlığına verdiği zararlar hakkında bir şeyler okuduğu zaman, genellikle okumayı bırakır.

Demokrasinin temel hatası, içinde seçimleri barındırmasıdır.

Ders çıkardığımız hataları oldukça erken vakitte yapmak, bir avantajdır.

Amerikalılar, öncesinde diğer her şeyi yanlış yaptıktan sonra, her zaman doğruya yönelirler.

Savoy'da düzenlenen Dünyanın Sonu Partisi için gelen davetiyeye verdiği cevap da komiktir: "Elbette geleceğim. Dünyanın sonunu kesinlikle kaçırmak istemem. Ama öncesinde dişçiye gitmeliyim; eksik dişlerle yerin altına girmek istemem".

Dünyanın sonu her yıl 2-3 defa gerçekleşiyor. 1946 yılında olanlar gerçekten dünya çapında idi.

Dişler

Churchill çok kötü dişleri vardı ve erken yaşta diş teli kullanmak zorunda kalmıştı. Eksik dişleri altın tellerle birbirine bağlanmıştı. Uşağı takma dişlerini hazırlamayı unuttuğunda, parlamentoya onlar olmadan gitmek zorunda kalırdı. Eksik dişlerle çekilecek bir fotoğrafının dünyaya yayılma ihtimali, onu dehşete düşürüyordu. Bu bir felaket olurdu. Bu, neredeyse bir fotoğrafçının kraliçeyi burnunu karıştırırken yakalaması kadar kötü olurdu. Böyle bir durumda ağzını açmaz, gülmez ve kimseyi selamlamazdı; sadece dişleri sıkılı şekilde gaddar bir yüz hattıyla otururdu. Sonrasında özür diler ve durumu açıklardı.

Konuşma Güçlüğü

Churchill çocukken etrafa tükürükler saçarak konuşurdu. Bu engeli küçük bir konuşma bozukluğu dışında çözebilmişti; "s" harfini söyleyemez, her zaman "ş" şeklinde çıkarırdı. Onun için tipik şekilde, bu durumun konuşmalarını özellikle çekici hale getirdiğine inanırdı. Dişçisinin yeni bir takma diş hazırlaması gerektiğinde, ona bu zayıflığının varlığını sürdüreceği şeklide bir takma diş hazırlamasını söylemişti.

Önemli devlet işlerinde eğer kraliçenin yakınında duruyorsa, karşı büyük bir hayranlık içinde kulağına eğilip ona "God shave the Queen" şarkısını söylerdi.
(Büyükanne tırpanla tıraş ediliyor)
Bir Almanla evlendiği için Kraliçeye gücenmişti ve bu onun küçük intikamıydı.

Prens Philip

O, bir kavga sebebiydi. Churchill, Almanları yok etmek için İngiliz halkının büyük kayıplar verdiğini belirterek genç Kraliçeyi suçlardı. Geleceğin kraliçesi olarak bir Almanla evleniyorsun. Damarlarında Alman kanı akıyor olması zaten yeterince kötüyken, sen bu evliliği ulusa açıklayamazsın.
Yanlarında bulunan Prens Philip sakinleştirmek isteyerek şöyle demişti: "Sevgili Winston Amca, beni sadece Viking olarak çağır. Frankyboy da öyle yapardı", bununla Amerikalı Franklin Roosevelt'i kastediyordu. "Ama ismin senin Alman olduğunu ele veriyor, annen bir Battenberg ve onun üzerinden Yunan Kralı'nın varisleri arasında yer alıyorsun".
"O zaman ismimi Mount Batten ile tercüme edelim, Hindistan Genel Valisi olan amcam da böyle yapardı".
"Ama babanın adını nasıl tercüme edeceğiz? Onun adı Holstein-Sonderburg-Glücksburg idi.

Bunu âlicenap bir şekilde Windsor ile tercüme ederiz". Sachsen-Coburg-Gotha hanedanı mensupları, bugün bu isimle anılırlar.
Ve babanın üzerinde Danimarka Kralının varisleri arasında yer alıyorsun. Gerçekten de bu ülkenin kralı olacak olursan, bu şöyle ifade edilecektir: İngiltere Kraliçesi ve Hindistan İmparatoriçesi, bu küçük ülkenin kralının karısıdır.
Danimarka tahtındaki hakkımdan vaz geçiyorum.
"Elizabeth'in bir Alman ile evlenmesi söz konusun bile olamaz, bu kadar!"
Ama söz sırası Elisabeth'teydi.
"İhtiyar büyükbaba, dişsiz ağzınla istediğini söyleyebilirsin, ben onunla evleneceğim".
"O zaman hayatımın sonuna kadar onun her zaman basında eleştirilmesi için elimden geleni ardıma koymayacağımdan emin olabilirsin".
Elisabeth şöyle karşılık vermişti: "İstersen ...... yalayabilirsin".

Şüphe

Burada Houston'un sözünü kesmek zorunda kalmıştım. Bana kalırsa yine biraz abartıyorsun. Kraliçenin asil dudaklardan ".... yalayabilirsin" şeklinde bir cümlenin dökülebileceğine inanamam.

Kutsal Evlilik

Elisabeth, daha birkaç gün önce Philip ile evliliğinin 70. yıldönümünü kutladı.

Bu, çocuklarının üçünden de esirgenmiş olan bir mutluluktu. Çocuklarının üçü de boşandılar. Özellikle Charles ve Diana'nın ayrılığı çok trajikti.

Cebelitarık Boğazı

Dişler konusunda Houston'un aklına, Churchill'in bir keresinde kulüpte kendi anlattığı bir hikâye geldi. Hitler ve Mussolini, Franco ile Fransa-İspanya sınırında bulunan Hendaye'ye bir araya gelirler. Bu II. Dünya Savaşı'nın başında gerçekleşir ve Hitler, İngilizlerin işgal ettiği Cebelitarık Boğazını ele geçirmeyi ve savaş sonrasında burayı İspanya'ya geri vermeyi teklif eder. Cebelitarik Boğazı Akdeniz'e geçişi kilitlemek için önemliydi. Aslında mantıklı bir teklifti. Ancak Hitler, bu planın İngilizler tarafından bilindiğinden haberdar değildi. Ayrıca Franco'nun ordusunun ve generallerinin masraflarını Rotschild'den aldığından, aynı zamanda muhalefet partisi Komünist Enternasyonal'in, generallerinin her birine bu planın kabul edilmesine karşı çıkmaları halinde ikişer milyon dolar vermeyi vaat ettiğinden de haberi yoktu.

Sıkı Pazarlıklar

Franco, generallerine söz geçiremediğini söyleyecek durumda değildi elbette ve böylece bir sonuca ulaşılamadı. Pazarlıklar o kadar sıkı geçmişti ki Hitler, Franco ile tekrar pazarlık etmektense dişlerinin teker teker sökülmesini tercih edeceğini söylemişti.

Aile Fotoğrafı

Gazeteye bu üç müzakere ortağı Hitler, Franco ve Mussolini'nin bir aile fotoğrafı basılmıştı. Bu fotoğraf, müzakerelerin Franco'yu da epey yıprattığını ortaya koyuyordu. Franco o kadar çaresiz görünüyordu ki, muhabir resmin orijinalini kamuoyuyla paylaşmaya cesaret edememişti. Franco'nun morali bozuk yüzünün üzerine, başka bir fotoğrafını yapıştırmıştı. Ama bunu o kadar kötü yapmıştı ki, baskıda herkes bunu fark etmişti. Bu da büyük kahkahalara neden olmuştu. Üzerinde oynanan bu resim arşivden bulunabilir.

Gerçeği mi?

Churchill, sözlerinin bu kadar etkili olmasından keyif alıyordu. Ortalıkta aslında onun söylemediği, ama hoşuna gittiği için kendinin de kullanmaya başladığı sözleri dolaşıyordu. Sabahları sıklıkla hizmetçisine: "Dün yine eğlenceli bir şey söyledim mi?" diye sorardı ve o da ona ortalıkta dolaşan sözlerini aktarırdı.

Cennetin Kapısında

Churchill'in kendisine ait olmayan bir sözü varsa, o da Petrus'tan kendisini cennetin kapısından içeri almasını rica etmiş olmasıdır. Petrus ona, hayatında bir defa olsun savaş ve bomba atmak dışında güzel bir iş yapıp yapmadığını sormuş.

"Elbette. Birçok ülkede milyonlarca genç kadına dul aylığı bağlanmasına yardım ettim". Petrus, bu kadınların hepsinin bundan mutlu olduğundan o kadar da emin değilmiş. Bu yüzden, bu davranışın iyi olarak kabul edilip edilemeyeceğini öncelikle Baş Melekler Merkez Konseyi'ne sormak istemiş.

"Erkeklerle ilgili iyi bir davranışını sunabilir misin?" "Elbette. Ücretsiz protez ve cam göz edinmelerine imkan sağladım".

Petrus, "hiçbir ödeme yapmaları gerekmediği için bu kesinlikle olumlu değerlendirilmelidir" dedi. Böylece iyi insan Churchill'i öncelikle arafa gönderdi.

Sevgili Tanrı

Churchill ateistti. Ona tanrıya inanıp inanmadığı sorulduğunda, şöyle cevap vermişti: "Bana kendisini henüz tanıtmadı". Eğer benimle gerçekten tanışacak ve günahlarımı soracak olursa, mahzenimde sakladığım cesetlerin sayısını öğrendiğinde düşüp ölecektir. "Peki, şeytana inanır mısınız?" "Ona inanmama gerek yok, onunla her gün görüşüyorum".

Hayat Çizgisi (3.10)

90 Yıl Çarpı 365 Gün

Günümüzde, Churchill ile ilgili her şeyin içinde bulunduğu dijital dosya klasörüne dokunmatik ekran üzerinden ulaşabilen, 15 m uzunluğunda bir çember şeklinde "hayat çizgisi" mevcuttur. Hakkında birçok bilginin bulunmadığı tek bir gün bile yoktur. Bu, bir insanın en kesin özgeçmişidir. Doğumundan ölümüne kadar her gün için bir not bulunur. Her şeye göz atmaya zaman yetmez. Bu, aylarca sürer.
Ancak yine de burada belirtilen olayların birkaçına değinmek istiyorum.

Houston bana, evinde "Churchill'in Hikâyeleri" başlıklı bir kitap bulunduğunu söyledi. Bunlar, Churchill'in kulüpte geçirdiği akşamlarda anlattığı olaylardır. Bu derlemeyi okumam için yakında bana vermek istiyor.

Gazeteci

Bu hikâyelerin bazıları, Churchill'in gazeteci olarak yaptığı birçok gezide yazdığı yazılarda da geçmektedir. Kahire'den Capetown'a yaptığı yolculukta Omdurman Savaşı'na katılma fırsatı yakalamıştı. Bu basılı eserin adı "Nehir Savaşı"dır ve Yukarı Nil'de İngiliz sömürge güçlerine karşı gerçekleştirilen isyandan bahseder.

Son Süvari Savaşı

60.000 süvari ve üzerine bindikleri develer, İngilizlerin saldırısına karşılık vermişti. Büyük Mehdi'nin savaşarak kazandığı bağımsızlıklarını mutlaka korumak istiyorlardı. Ancak palalarıyla savunmak istedikleri kahramanlıkları, İngilizlerin modern ateşli silahları karşısında işe yaramamıştı. Hepsi, atlar ve develer de dahil olmak üzere, oracıkta katledildi. Churchill şunu ilave ediyordu, "bizden daha az istenen birini bulmak zordur".

Türbe

Büyük özgürlük savaşçısı Mehdi'nin türbesi, kutsal bir ziyaret yerine dönüşmüştü. Ona bir aziz gibi değer veriyorlardı. Savaşı yöneten General Kitchener, Mehdi'nin cesedini mezarından çıkarttırdı. Kemikleri toz haline getirildi ve Nil'e savruldu. Kafatası zafer kutlamalarında küllük olarak kullanıldı; Churchill de purosunu buna söndürdü.

Protesto

Bu hareket sadece bu ülkede geniş şekilde protesto edilmekle kalmadı, protestolar tüm dünyaya yayıldı. Churchill de yerli halkın duygularını bu şekilde incitmenin akıllıca olmadığını ve bunun bir avantaj da sağlamadığını kabul etmek zorunda kalmıştı.

Cenaze

İngiliz yönetimi en azından geriye kalan kafatasının yeniden mezara gömülmesi talimatı verdi. Tüm halkın katıldığı bir tören alayı ile "özel küllük" mezara gömüldü.

Boer Savaşı (3.11)

Cape Town

Bu şehir, Afrika'da ilerlemenin son noktasıydı. Ayrıca bir kaç ay önce Güney ve Kuzey Rodezya'yı fetheden Cecil Rhodes da orada bulundu. Bu topraklar bugün Zimbabwe olarak adlandırılmaktadır. Hiçbir şeyin nefret edilen fatih Rhodes'u hatırlatması istenmiyor. Rhodes, Güney Afrika'da büyük altın ve elmas rezervleri olduğunu öğrenmişti. Madenlerin işletilmesini devasa, çalıntı zenginliğine eklemek istiyordu.

Boer

Ancak önündeki sorun, Güney Afrika'da Boerlerin yaşıyor olmasıydı. Boer, Flemenkçede çiftçi demektir. Hollandalılar Güney Afrika'yı bir sömürge olarak değil, toprağını işlemek istedikleri bir yerleşim alanı olarak görüyorlardı. Yani Kuzey Amerika topraklarına göç eden atalarıyla benzer bir şekilde. Bir yabancının gelip de altın madenlerinden faydalanmasını istemiyorlardı.

Ayrımcılık

İngilizler bunun yabancılara karşı bir ayrımcılık olarak gördüler ve Boerleri insan haklarını ihlal etmekle suçladılar. Güney Afrika'da insan onuruna yaraşır koşullar oluşturmak için bir ordu gönderdiler. Ama aslında bunun tek amacının madenlerin İngiliz Hükümeti tarafından işletmesi olduğunu kesinlikle gizli tuttular.

450.000 Asker

Kraliçe Victoria, Boerlerin direncini kırmak için bu sayıda asker göndermişti. Taç, kazancın %20'sini alacaktı. Boerlere karşı yapılan savaş, alt seviye kabul edilen ve medeni olmayan "zenciler" yerine medeni Avrupalılara karşı yapıldığı için, bir dereceye kadar yeni bir şeydi.

Gerillalar

Bu devasa ordunun karşısında, bir meydan savaşını kazanması elbette ki asla mümkün olmayan sadece 30.000 Boer çıkmıştı. Boerler gündüzleri saklanıyor ve geceleri saldırıyor, tren yollarını tahrip ediyor, savaşı İngilizler için giderek daha umutsuz hale getiriyorlardı.

Toplama Kampı

Gerilla savaşı yürüten erkeklerin direnci ancak, Cecil Rhodes'un aklına direnişçilerin karıları ve çocuklarını toplama kamplarında bir araya getirme, böylece yiyecek ve su olmadan 3-4 hafta içerisinde ölmelerini bekleme fikri gelince kırıldı. Karıları ve çocukları ölünce, daha fazla savaşmanın bir anlamı kalmamıştı.

Yeni Taktik

Churchill daha sonraki savaşları için yeni bir taktik keşfetmişti; şöyle ki "kadınları ve çocukları öldürmek daha önemlidir; böylece erkekler savaşma motivasyonlarını kaybederler". Bu taktiği Alman şehirlerini bombalarken de kullandı. Erkekler cephede olduğu için şehirlerde neredeyse sadece kadınlar ve çocuklar, bir de eğer varsa, bakıma muhtaç yaşlılar yaşıyordu.

Bu, erkeklerin savaşma motivasyonlarını kırmak için ideal bir başlangıç noktasıydı. Churchill biraz da bu yüzden bu bombalamaları "manevi bombalama" olarak adlandırmıştı.

Kadının Anlamı (3.12)

Bu yeni taktiğin diğer bir avantajı ise, bir milletin ortadan kaldırılması istendiğinde, kadınları öldürmenin çok daha etkin bir yol olmasıdır. Basit bir örnek verelim: Eğer 1.000 kadın ve sadece 3-4 erkek hayatta kalırsa, doğum oranı her halükarda tersi bir durumdan daha fazla olur. Eğer 1.000 erkek ve 3 kadın hayatta kalırsa, kadınlar kendilerini istedikleri kadar zorlasınlar üçten fazla çocuk doğmaz; 10 yılda bu 30 eder.

Bu örnek erkeklerin ne kadar kolay harcanabilir olduklarını gösteriyordu ve Churchill, sahip olduğu İngiliz mizah anlayışına uygun bir şekilde, kadınlara bu kadar değer verdiği için sonsuza dek tüm kadın derneklerinin onursal başkanı olmayı umuyordu.

Deney

Bu tezi bilimsel olarak kanıtlamak için dişi ve erkek fareler üzerinde deneyler yapıldı ve tez doğrulandı.
Ancak bu deneyi sorgulayan bazı ciddi bilim adamları da bulunuyordu. Farelerin cinsel davranışları insanlarınki ile karşılaştırılamazdı. Deneyin insanlarla tekrarlanması o kadar da kolay değildi. En az 10 sene sürmesi gerekecekti ve buna katılacak yeterli gönüllü bulunabileceği şüpheliydi.

Venus Hottentot

Oysa kadınların hayatta kalma şansının, erkeklerin hayatta kalma şansından daha önemli olduğunun kanıtı, bizzat doğa anada mevcuttu. Hottentotların yaşadığı ölümcül Kalahari Çölü o kadar tehlikeli bir yerdir ki, insanlar burada genellikle aylar boyunca yiyecek bir şey bulamazlar. İşte burada sadece kadınları etkileyen bir mutasyon gerçekleşmiştir. Bu kadınlar, altı aya kadar bir şey yemeden hayatta kalabilirler. Doğa onlara enerji sağlayabilecekleri, yağ depolanan bir kaba et vermiştir. Bu, aynı işe yarayan develerin hörgüçlerine benzer. Orada depolanmış olan yağ tüketilince, hörgüç yavaşça aşağıya çöker.

Sarah Baartman

Bu kadın "Venus Hottentot" adıyla tanınmıştı. Para karşılığı "yağ depolanmış kaba etini" gösteriyordu. Paris'teki Musée de l'homme'da gerçek boyutlarda bir alçı heykeli sergilenmektedir. İngilizler Baartman ismini verdikleri bu kadını ülkelerine getirmişlerdi ve doğanın bu harikası Londra'da da insanları hayretler içinde bırakmıştı.

Gelecek Hakkında Planlar

Afrika'nın tamamı ele geçirildikten sonra, İngiliz emperyalizminin başka hedefi kalmamıştı. Ancak Churchill, Osmanlı Sultanının elindeki toprakların hepsinin henüz alınmadığını düşünüyordu. Yakın Doğu daha fethedilmemişti. Churchill, verimli Mezopotamya'yı ilkel kabilelere bırakılamayacak kadar değerli görüyordu; sadece yüksek medeniyete sahip İngilizler böyle bir sömürgeye sahip olabilirlerdi. Bunun dışında, o dönemde kömürle çalışan gemiler yerine petrolle çalışanlar kullanılmaya başlanmıştı. Basra'daki zengin petrol yatakları İngilizlerin hâkimiyetinde olmalıydı.

Yetenekli bir arkeolog olan Arabistanlı Lawrence, fethin hazırlıklarını yapmak için seçilmişti. Houston: "bu hikâyeyi sana başka bir zaman detaylı bir şekilde anlatacağım" dedi.

Patlama (3.13)

Daha kısa bir hikâye için arşivi açtık. Sydney Sokağı patlaması. Churchill o zamanlar içişleri bakanıydı ve bakanlık binası Sydney Sokağı'na yakın bir yerde bulunuyordu. Silah sesleri duyunca, hemen seslerin geldiği yere koştu. Silahlı çatışma olduğunda zapt edilmesi mümkün değildi, mutlaka onun da katılması gerekiyordu.

Mauser Tabanca

18. yaş gününde annesi ona bir Mauser tabanca hediye etmişti. Genç bir adam için çok mantıklı bir hediye. Bu gelenek Alman anneler arasında da yaygınlaşsa, ne güzel olurdu. Churchill tabancasını hayatı boyunca her zaman yanında taşıdı ve vurduğu düşmanlar hakkında birçok hatırası vardı; öyle ki geliştirilmiş versiyonu piyasaya çıktığında elindekini değiştirmek istemedi.

Orijinali kült bir silah haline gelmiştir ve çeşitli silah fabrikalarından satın alınabilir. Fiyatı 99 ile 300 Dolar arasında değişmektedir.

Sydney Sokağı

Bu sokakta iki hırsız ellerinde tabancalarla bir kuyumcu dükkânına girmiş ve sokakta bekleyen polisler binanın etrafını sarınca ateş açmışlardı. Churchill de ateşe karşılık verince, iki haydut kaçma şanslarının bulunmadığını anlamışlardı. Bu yüzden binayı ateşe vermiş; ambulans ve itfaiyenin sebep olacağı karışıklıkta kaçabileceklerini düşünmüşlerdi. O zamanlar içişleri bakanı olan Churchill itfaiyenin binadaki yangını söndürmesine izin vermemişti ve bina temeline kadar yanmıştı. Sonradan yıkıntıların içinde, en altta bulunan mahzende, iki hırsızın çömelmiş bir halde, tümüyle kömüre dönmüş cesetlerini bulmuşlardı.

Yangın Merdiveni

Belki Eduard Mörike'nin Ateş Süvarisi [Bu şiirde yangınları önceden sezen bir adamdan söz edilir. Bir değirmen yanarken, adam ortadan kaybolur. Sonra değirmenin yıkıntılarının arasında, adamın iskeletinin, iskelet bir atın üzerinde olduğu görülür. Ona dokundukları anda da, ikisi birden, atla adam, o anda küle dönüşür - e.n.] adlı şiirini biliyorsunuzdur. O da atının üzerinde, duvara yaslanmıştır, ta ki birisi ona dokununcaya kadar. Sonra "Oh, küle döndü birdenbire!" olur. Bu ikisi için de durum böyleydi. Churchill, kendisi de içeride olduğu müddetçe, kimsenin bir binayı ateşe vermemesi için uyarıcı bir örnek olsun diye, bu iki haydudu bu korku tüneline atmaya karar vermişti. Ve gerçekten de burada küle dönüşmüşlerdi. Bu iki haydudu süpürerek bir araya getirmekten başka yapacak bir şey kalmamıştı.

Eleştiri

Churchill'in İçişleri Bakanı olarak bu olayda oynadığı rol, sert şekilde eleştirilmişti.
İlk olarak o kadar kolay şekilde etrafa ateş açılmaz; ikinci olarak ise yangın varsa söndürülmelidir, haydutlar öylece yanmaya terk edilemez.
O ise cevaben bunun şeytani bir karalama olduğunu, bu hırsızlık sırasında orada bile olmadığını söylemişti.

Ancak o zamanda fotoğraf makineleri bulunduğu için ve Churchill'in en ön sırada göründüğü bir fotoğraf bir gazetede basılınca kendisini düzelterek şöyle söylemişti: "Elbette böyle bir suç işlendiğinde İçişleri Bakanının en ön sırada bulunması gerekir".

Tehlike Geçti

Başta bu hırsızlığın arka planında terörizm olduğundan şüphelenilmişti, ancak kısa bir süre sonra tehlikenin geçtiği bildirildi. Her ikisi de sıradan hırsızlardı. Bu büyük telaş boşu boşuna yaşanmıştı.

Maliye Bakanı (3.13)

Ekonomik Patlama

İngiliz ekonomisi 1926 yılında müthiş bir şekilde büyümüş, şirket sahipleri büyük kârlar elde etmeye başlamışlardı. Artık o kadar çok öz sermayeleri vardı ki, hammadde ve işçi ödemeleri için kredi almalarına gerek kalmamıştı. Bankalar bu parayı şirketlere önden veriyor, ancak ürünler satıldıktan sonra geri alıyorlardı. Bu durum borç faizinden geçinen bankalar içinoldukça kötüydü. Ekonomiyi mahvedecek bir maliye bakanına ihtiyaç vardı; böylece bankalara yeniden ihtiyaç duyulacaktı.

Parti Değişikliği

Bu görevi üstlenecek ciddi bir insan bulmak zordu. Churchill için bu sorun değildi. Asıl sorun, hükümeti Muhafazakârların kurmuş olması ve onun ise İşçi Partisi'ne geçmiş olmasıydı. Ama bu sorun da çözüldü. Churchill kolayca yeniden Muhafazakâr oldu. Bunu şu sözlerle izah etmişti: "Parti değiştirmek için güçlü bir kişilik gerekir; ama bunu iki defa yapmak için benim gibi bir lider olmaya ihtiyaç vardır".

Deflasyon

Bu arada, siyasetin ekonomiyi kolaylıkla mahvedebileceği de anlaşılmıştı. Churchill, bunun için sadece altı aya ihtiyaç duymuştu. Önce altın standardına geri döndü. Bankaların çoğu para veremez hale gelmişti; büyük siparişler alan işletmeler üretim yapamaz ve işçilerin paralarını ödeyemez durumdaydı. İşletmeler, bankalar tarafından çoğunlukla bir Sterlin gibi sembolik değerlere satın alındı. İşletmeleri tekrar faaliyete geçirmek, öyle pek de kolay değildi. Bunu ne bankalar ne de siyaset başarabiliyordu; iş adamlarıysa hayatlarından bezmişti.

Genel Grev

Sonunda, ülkedeki durumu tam bir felakete dönüştüren bir genel grev meydana geldi. Churchill de sabrının sınırına dayanmıştı ve Napolyon'un "eğer 12 kişi ölürse bu bir felakettir, eğer 10.000 kişi ölürse düzen yeniden sağlanır" düsturuna göre, tek seçeneğin grev yapanları vurarak öldürmek olduğunu düşünüyordu.

Neyse ki Churchill bu teklifini kabul ettirmeyi başaramamıştı. Bu krizi de o her zamanki nüktedanlığıyla aşabilmişti. "İngiltere'nin şimdiye kadar sahip olduğu en kötü Maliye Bakanı olduğum söyleniyor; kabul etmeliyim ki bu doğru".

Çölde

Churchill bu ekonomik çöküşü üstlendiği görev çerçevesinde bankaları memnun etmek için yaratmıştı, ancak artık kimse ona bir kamu görevi vermeye cesaret edemiyordu. Kendisi, bu yılları çöldeki yıllar olarak adlandırır. Bu tam olarak doğru değildir. Yüksek finans çevrelerinin temsilcisi olduğu için, arka planda hâlâ son derece itibarlıydı.

Wallstreet

Churchill'in ünü New York'taki Wallstreet'e kadar ulaşmıştı. Bankaların nefret ettiği Herbert Hoover, 1928'de başkan seçilince Churchill'i New York'a çağırdılar. Büyük bir ekonomik çöküş yaratarak, onlara yardımcı olması gerekiyordu; böylece seçilmiş Başkan Hoover halkın gözünden düşürülecek ve refah konusundaki sözlerinin gerçekleşmesinin mümkün olmadığı ortaya çıkacaktı.

Kara Perşembe

Bu proje sadece üç ayda hayata geçti. Tüm banka sahipleri bir araya geldiler ve bir bankacılık krizini en iyi nasıl başarabileceklerini tartıştılar. Churchill, bunun kendisine ne kazandırdığı sorusunu şöyle cevaplandırıyordu: "New York'ta sadece biraz rahatlamak istiyorum". Olaylar şu şekilde gelişti: Bankalar karşılıklı olarak hangi bankaların iflas edeceğine ve hangi bankaların sıcak parayı elinde tutacağına karar verdiler. Bir banka iflas edince, bu sadece tasarruf sahiplerinin tasarruflarını ve değerli kâğıtlarını kaybetmesi anlamına gelir. Bankaların kendisine bir zararı dokunmaz. Onlar zararın sadece %5'ine ortaktır. Aynı zamanda tonlarca altın rezervi Rockefeller ve Rothschild'in özel depolarına taşındı; sıcak para sadece işin içindekilerin bildiği bir bankaya aktarıldı. Bunun yasal olması için de bankalar, aktarılan para karşılığında aynı meblağda değerli kâğıt aldılar. Ancak bu kâğıtlar tamamen değersizdi. Deyim yerindeyse bunlar yüksek riskli kâğıtlar veya hile amacıyla suni olarak oluşturulmuş hayali sorumluluklardı.

Baruch

Bu kişiyi zaten tanıyoruz. I. ve II. Dünya Savaşları arasında ABD'nin gizli başkanıydı. Onu aday olmaya davet ediyorlardı; ancak o şöyle cevap veriyordu: "Neden ki? Ülkeyi zaten toplumun karşısına çıkmak zorunda kalmadan yönetiyorum; ayrıca seçimlere girmem de gerekmiyor ve kimse beni eleştiremiyor". Baruch, bu bankacılık krizinde belirleyici bir rol oynamıştı. Elbette ki kendisinin ve arkadaşı Churchill'in servetlerini sadece kurtarmakla kalmadı, birkaç katına dahi çıkardı. Çoğunluk tüm servetini kaybettiğinde, bundan etkilenmeyenler için düşük fiyatlarla işletmeleri, binaları vb. ele geçirmek çok kolaydı. Örneğin Washington Post'u 5 milyon Dolara almak isteyen ancak bu fiyata elde edemeyen George Untermeier, bu gazeteyi bir cebri müzayedede 800.000 Dolar'a satın almıştı. İşin iç yüzünden haberdar olan ve hepimizin tanıdığı Başkan Kennedy'nin babası olan Kennedy, ekonomik çöküşten önce tahminen 2 milyon Dolar tutarında bir servete sahipti. Serveti, çöküşten iki yıl sonra 100 milyon Dolara ulaşmıştı. Diğer hepsinde de benzer servet artışları meydana gelmişti.

Otobiyografi

Churchill şöyle yazar: "Wallstreet'te kısa bir gezinti yapmak istedim ve etraftaki büyük heyecan beni çok şaşırttı. Adamın biri kendisini pencereden aşağı attı, bir başkası delirmiş gibi çığlıklar atıyordu. Bir gazeteci, bankalar artık para veremediği için arabasını 100 Dolara satmaya çalışıyordu". Churchill şaşırmış gibi davranıyordu; ancak aslında bankacılık krizinin bu kadar başarılı olmasından çok memnundu.

Kara Cuma

Bu yıkım New York'ta perşembe günü yaşanmıştı. Avrupa'daki bankalar ise bir sonraki gün yerle bir oldular. Churchill, vatandaşlarının tepkisini Londra'da yaşamak istiyordu. Hemen bir uçağa atladı, doğruca memleketine uçtu ve sonuçta İngilizlerle büyük bir gurur duydu. Ölüm çığlıkları atan Amerikalıların aksine, Londralılar evlerinin en arka odasına geçerek kendilerini vuruyordu. Gerçekten ortaya asil bir tavırla koymuşlardı.

Woodrow Wilson

Houston'un anlatacağı daha çok şey vardı. Özellikle de 1918'de Wilson'la karşılaşması. Bu kişi, 1916'da Almanya'ya savaş ilan eden başkandır. Ayrıca ABD Merkez Bankası FED'in kuruluşu hakkındaki kanunu da o imzalamıştır. Metodist bir vaizin oğlu olarak, bu inançlı toplumun etkileyici merkezi olan West Minster Central Hall ile de ilgileniyordu ki, burası hazine binasından kolaylıkla görülebiliyordu.

Franklin Delano Roosevelt

Houston Roosevelt hakkında da birkaç hikâye anlatmak istiyordu. Ancak, 4 defa başkanlığa seçilen böyle bir devlet adamının hayat hikâyesinin savaş odalarına gerçekleştirilen bir ziyarette gözden geçirilemeyeceği açıktı.

French House (3.14)

Oldukça yorulmuştuk ve French House'da rahatlatıcı bir akşamın daha tadını çıkarmaya karar verdik. Burada mükemmel bir Fransız mutfağı vardır. Ama etsiz, Fransızların Ratatouille adını verdiği, nefis taze sebzelerden yapılan bir sebze oturtmadan ibaret hafif bir yemekle yetindik. Yanında da hafif bir beyaz şarap olan Chablis içtik. French House'tan, anasonlu sıra dışı bir likör olan Ricardo Permod içmeden çıkılmaz. General de Gaulle'ün savaş yıllarında burada yaşadığı, içerideki havadan hissediliyor. O ünlü televizyon konuşması: "Yalnız değiliz"i burada kaleme almıştı.

Georges Brassens

Arka planda, savaş sonrası jenerasyonunun hayat anlayışını başka kimseye benzemeyen bir şekilde yansıtan büyük Chansonnier'in zarif müziği çalıyordu. Onu özellikle Parisli öğrenciler çok seviyordu. Savaşlardan ve marşlardan herkes bıkmıştı. Çıkışa doğru ilerlerken, kulaklarımızda hâlâ "la musique qui marche au pas cela ne me regarde pas" çınlıyordu.

Günlük

Metroya giderken, anlattığı hikâyelerin tümünü bir günlük şeklinde kaleme aldığımı itiraf ettim. Bu bizim üçüncü günümüzdü. Ertesi gün Sanat Galerisi'nin girişinde buluşmaya ve ardından British Museum'u gezmeye karar verdik.

Davetiye

Houston, Cynthia ile Charles'tan, bizi Eaton Square'deki evlerine davet eden bir e-posta aldığını söyledi. Douglas da orada olacaktı ve Cynthia akşamın konusunu seçmişti, "la guerra parallela". Buna dair anlatacakları hikâyeleri yine Nice'tekine benzer bir şekilde, ancak bu defa Napoli'de, Paestum Koyu'nun güneyinde, yüksek seviyeli bir kara gömleklinin oğluyla tanıştıkları bir tatilde birlikte yaşamışlardı.

Antonio

Antonio ismindeki bu adam sonradan Londra'ya yerleşmişti ve burada popüler bir İtalyan restoranını işletiyordu. Londra Köprüsü üzerinden düz devam edince doğruca buraya ulaşılır; adı Padella. Aslında dışarıya yemek servisi yoktu. Ama arkadaş grubumuzda yer aldığı için, bize bir istisna yapmıştı. Aperatif olarak Pasta alle vongole vardı. Ardından Saltimbacco ve özel zeytinyağı ve üzüm sirkesi katılmış, çok çeşitli yeşilliklerden yapılmış muhteşem bir salata; yanına da Chianti. Ardından tatlı olarak, sadece İtalyanların yapabileceği şekilde taze hazırlanmış sabayon. Antonio sanatsal süslemeye önem vermiyor; önemli olan lezzetli olmasıdır. O, ağzının tadını bilenler için sade yemekler hazırlayan bir gurmedir.

4. Gün

Sanat Galerisi (4.1)

Tam zamanında oradaydım; girişe doğru uzanan etkileyici merdivenleri çıktım. Burada pleksiglastan yapılmış devasa bir kumbara durur. Çeyreğine kadar bozuk paralarla, aynı zamanda irili ufaklı banknotlarla dolmuştu. İngiliz müzeleri giriş ücreti almazlar; ancak ziyaretçiler gönüllü şekilde katkı sağlamak için buraya para atma imkânına sahiptir. Houston henüz gelmemişti; ben de bu muhteşem şehrin manzarasını huzur içerisinde seyretme imkânı buldum. Sağ tarafta üzerinde Amiral Nelson'un bulunduğu devasa sütun. Kaidesinde dört adet kocaman aslan, her iki tarafında sarayların bulunduğu Whitehallstreet. Big Ben ve Parlamento Binası'nın görünüşü buradan muhteşem bir perspektif sunar. Sağ taraftaki küçük bir ara sokakta Downingstreet 10 yer alır; ancak halka açık değildir. Londra'nın sadece büyük bir ülkenin değil, dünyanın gelmiş geçmiş en büyük imparatorluğun da başkenti olduğu görülmektedir.

Dame Myra

Kısa süre sonra Houston'ı merdivenlerden çıkarken gördüm. Sorduğum ilk şey, "Dame Myra'nın piyanosu nerede duruyor?" oldu. Bu yetenekli piyanist, Londralıların sevgilisiydi. Savaşın başında Almanların bombardımanı sırasında Londralılar sığınaklara, yani metro istasyonlarına sığındılar; hava savunması için önlem alınmadığı için artık konser düzenlemeye cesaret edilemiyordu, çünkü alarm verilmesi ile saldırı arasında geçen kısa sürede salonların boşaltılabilmesi mümkün değildi. İşte bu ortamda, Dame Myra, konserleri açık alanlarda vermeyi akıl etti. Bu durumda giriş ücreti talep edilemeyeceği için konserler ücretsizdi.

Robert Schumann

Birçok arkadaşı ona katıldı ve düşüncesi her yerde olumlu karşılık buldu. İkinci bir hususu da konserleriyle birleştirdi. Almanlardan Hunlar gibi bahseden Churchill'in, Almanlar hakkında devamlı kötü şeyler söylemesine karşı çıkarak, farklı bir Alman resmi ortaya koymak istiyordu. Alman romantiklerinin simgesi olan Schumann'dan müzik çaldı. Konserleri aynı zamanda resmi siyasete karşı tarz sahibi bir protestoydu ve Londralılar Schumann'dan Träumerei, Carnaval, Papillon ve Aufschwung'u hayranlıkla dinlediler.

Karşılaştırma

Churchill çok öfkelenmişti, elinden gelse onu piyano taburesinin üzerindeyken vurup öldürecekti. Ancak buna cesaret edemedi; çünkü Dame Myra bir Yahudiydi ve antisemitist olarak değerlendirilmeyi göze alamazdı. Piyanistin yaptığı müziği aslında kendisinin Almanya karşıtı söylemlerini protesto amacıyla kullandığının farkında olduğunu ortaya koydu. Ancak - Hitler Almanyası'nın aksine - kendi yönetimi altında sanata özgürlük bahşedilecekti.

Marquis Posa

Berlin'deki Schiller Tiyatrosu'nda ise bu örneğin tam aksine, "Don Carlos" oyununda Marquis Posa kraldan, "Majesteleri, bana düşünce özgürlüğü verin!" talebinde bulununca ve bu sözün ardından izleyiciler ayağa kalkıp alkışlamaya başlayınca, SS hemen içeriye girmiş ve izleyiciler derhal yerlerine oturarak alkışlamayı bırakmıştı.

Cesaret

Londra'ya hava akınları düzenlendiği ve aynı anda Alman romantiklerinin müziğinin çalındığını göz önünde bulundurulursa, piyanistin cesur davrandığını teslim etmek gerekir.

Haftalık Haber Filmi

Aynı dönemde, Alman haftalık haber filminde Londra için seçilmiş bombaların resimleri gösteriliyordu. En büyük bombanın üzerinde şöyle yazılıydı, "Churchill için özellikle kalın bir puro".

Tablolar

Böylece içeri girdik. Giriş salonunun mimarisi bile muhteşem. Tablo koleksiyonu o kadar geniş ki, insan hangi resim hakkında konuşacağına karar veremiyor. Leonardo da Vinci'nin Kayalıklar Bakiresi; Turner'dan, Constable'dan ve daha birçoğundan muhteşem resimler.

İkinci Büyükelçi

Enfes bir sahneden bahsetmem gerekiyor. Birinci sınıf öğrencilerinden bir grup öğretmenleriyle birlikte gelmişlerdi ve genç Hans Holbein'ın "İki Büyükelçi" resmine bakıyorlardı. Tüm ders boyunca yanlarında durduk ve anlatılanlara kulak verdik.

Ders

Küçük kız ve erkek çocukları yere oturdular ve öğretmenleri onlara sorular sordu. "Bakın bakalım, bu iki adam ne giyiyor?". Küçük eller havaya kalkıyor ve öğretmene bu iki adamın kıyafetlerinin neye benzediklerini söylüyorlardı. "Başlarında ne var? Ayakkabılarına bakın. Yerde ne var? Masanın ve arkasında duran küçük bankın üzerinde ne var? Kemerlerinde ne dikkatinizi çekiyor? Elleri hakkında ne söyleyebilirsiniz?" Bu küçük grup çok ilgili ve disiplinli şekilde cevap veriyordu ve bu beni çok şaşırtmıştı. Ardından öğretmenleri hepsine birer tane kağıt ve boya kalemi vererek, onlardan sadece küçük bir detayın resmini çizmelerini istedi. Alfabeyi yeni söken bu çocuklardan her biri başka bir detay seçti, parmaktaki bir yüzük, ayakkabıdaki toka, masadaki bir eşya, ...

Sonunda öğretmen kâğıtları topladı ve "şimdi okula gidip herkesin kâğıdına bakıyor ve hakkında konuşuyoruz". Ardından çocuklar sakin şekilde oradan ayrıldılar.

İmrenme

Çocukların bu kadar erken yaşta kültürle tanıştırılması ve ülkelerinin tarihlerini öğrenmesi ne kadar büyük bir ayrıcalıktır. Tabloda gizlenmiş olan kafataslarının sırrını öğretmen öğrencilerine anlatmadı. Bunun için henüz çok küçüklerdi.

Holbein

Holbein büyük ressamlardan biridir. Basel kökenlidir; orada tanınmış hümanist Rotterdamlı Erasmus ve "Ütopya"nın yazarı Thomas More'un resimlerini yapmıştır. Londra'ya gitmiştir. VIII. Henry'nin etrafındakilerin, Anna Boleyn'in ve üçüncü karısı ve tek çocuğunun annesi olan, ancak bu çocuğun doğumu sırasında hayatını kaybeden Jane Seymour'un ünlü tablolarını yapmıştır.

Holbein nispeten genç bir yaşta Londra'da vefat etti ve İngilizler, Händel gibi, ona da kendilerinden birisi gibi davrandılar.

Alman Resim Sanatı

Bu tablo bolluğu içerisinde dünyanın her ülkesinden tablolar bulunmasına rağmen, Alman ressamlardan hiçbirinin resminin bulunmaması beni çok şaşırtmıştı. Bu, İngilizlerin siyasetinin bir sonucudur; bu siyasetin resmi temsilcileri şu düşüncededir: "Almanya diye bir ülke yoktur, olmayacaktır ve hiç olmamıştır".

Dürer

Bunun tek istisnası, 30 yıl savaşlarında savaş ganimeti olarak Protestan şehir Nürnberg'ten çalınan ve Katolik birlikler tarafından Viyana'ya getirilen Dürer'in otoportresidir. Tablo oradan Madrid'e, ardından da XIV. Ludwig tarafından Paris'e getirilmiştir. İngilizler de oradan alıp Londra'ya getirmişti. Muhtemelen Hermann Goering tek sanat hırsızı değildir.

Mola

Yanındaki konforlu kafede, küçük bir içki için kısa bir mola verdik. Böyle bir müze gezisi gerçekten yorucudur. Orada Houston bana, akşam için Eaton Meydanı'nda Cynthia ve Charles'a davetli olduğumuzu söyledi. Biraz daha erken gitmemiz gerekiyordu; akşam yemeği de yiyecektik.

Çıkış

Böylece Rembrandt, Frans Hals ve Jan von Eyck tarafından yapılmış tablolara da baktık. Ardından Trafalgar Meydanı'ndan geçerek öğle yemeği için Jamies Olivers Fifteen'e gittik.

Öğle Yemeği (4.2)

Houston, Jamies'in meşhur balık çorbalarından birini denemeyi önerdi. Denizle çevrili olan İngiltere'de balık bolluğu vardır. Bu öneriyi memnuniyetle kabul ettim. En sevdiğim yemeklerden birisi Fransız Bouillabaisse'dır. Böylece bu yemeğin İngiliz versiyonunu da öğrenmiş oldum.

Günlük

Yemeğin gelmesini beklerken, Houston'a, şimdiye kadar ve geçen akşam onun evindeyken anlattığı her şeyi günlük formatında kayıt altına aldığımı söyledim. Ayrıca çok ilginç bulduğum için bunları yayınlamak istediğimi belirttim.

Başlık

Başlık hakkında henüz emin değildim. "Londra Günlüğü" fazlasıyla geneldi. "Londra'dan İlginç Hikâyeler"? Ama bazıları gayet normal. "İnanılmaz Londra Hikâyeleri", yine tüm hikâyeler için uygun değil. "Alternatif Kısa Hikâyeler" hepsinin siyasi anlamda doğru olmadığını ima ediyor. Ve bu da fazlasıyla politik bir durum.

Londralı Dekameron

Bu başlığı da değerlendiriyordum. Nötr ve sadece formal paylaştırmayla ilgili. Bilindiği üzere yedi erkek ve üç kadından oluşan Floransalı on genç aristokrat, veba korkusuyla şehirden kaçmışlardı. Şehrin dışında, kırsal bölgede bir yer seçmişlerdi. Vakit geçirmek için her birisi bir hikâye düşünmüş ve diğerlerine anlatmıştı. Hem de gün be gün. Böylece on günde 10 çarpı 10, yani 100 hikâye bir araya gelmişti.

Boccaccio

Kendisi bu eserin yazarıdır. Boccaccio bir rahipti ve günah çıkarma kabininde bol miktarda skandal boşanma, hırsızlık ve cinayet hikâyeleri dinlemişti. Bu Londra versiyonunda geçerli değildir; ancak bazı hikâyeleriniz yine de skandal sayılabilir.

Dördüncü Gün

Bugün 4. gün. On değil, sadece dört hikâye anlatıcımız var. Ve hepsi de aynı miktarda anlatmıyor. Sen – Tusitala – ana anlatıcısın. Benim görevim not almak. Burada yorum ekleme, eleştiride bulunma, hatta kendi hikâyelerimi anlatma özgürlüğünden faydalanacağım; yani beşinci katılımcı olarak kabul edilebilirim. Bu yönüyle en azından Floransalı aristokrat topluluğunun yarısına sahibiz. Belki biz de 10 günü tamamlamayı başarabiliriz.

Balık Çorbası

Bu arada çorba harikaydı. Ayrıca televizyondan tanınan aşçısı çok sempatikti.

British Museum (4.3)

Avludaki devasa cam tavan gerçekten çok etkileyiciydi. Burası Avrupa'da üzeri çatıyla örtülmüş en geniş alandır. Alanın ortasında okuma salonunun kubbeli yapısı yer alır. Sağda ve solda Mısır bölümü ve Yunan koleksiyonlarının girişleri mevcuttur. Galeriden bakılınca en güzel manzarayla karşılaşılır; ana girişin karşısından okuma salonuna doğru, burası özellikle çekicidir; göz alıcı renklere bürünmüş olarak bir koleksiyondan diğerine koşturan, rengârenk ilkokul öğrencileri gibi. Burada bu göz alıcı renkler önemlidir, eğer küçükler bu büyükşehir karmaşasında kaybolacak olurlarsa, renklere bakarak kendi gruplarını yeniden bulabilirler.

Mısır Mumyaları

Dünya üzerindeki başka hiçbir müze, bu kadar çok sayıda mumya sergileyemez. Mısır resimciliğindeki zenginlik eşsizdir. Atina'daki Parthenon'dan ve Erechteion'dan gelen mermer figürler, kanunsuz şekilde, dolandırıcılık yoluyla, buraya gelmişti. Yunanistan onları geri istemekte ve onları, zamanında Elgin'in çaldığı tarihi tapınaklara yeniden yerleştirmeyi arzulamaktadır.

Cyrus - Silindir

Bu büyük Pers hükümdarı, milattan önce 1538'de, burada çivi yazısıyla ilk defa insan haklarını yazdırmıştır. Ayrıca, Yahudilere Babil sürgününden Kudüs'e dönmeleri ve ikinci tapınağı inşa etmeleri için izin veren de odur.

Mezarı bu kadar zamandır ayakta kalmıştır ve eski Pers ülkesinin şimdiki adı olan İran'da görülebilir. Mezarının sağlam kalmasının nedeni, itibarının çok yüksek olmasıdır; o kadar ki, sonraki yılların fatihleri de dahil olmak üzere, kimse onun mezarını yıkmak istememiştir.

Buckingham Sarayı (4.4)

Cynthia'nın evine giderken, Buckingham Sarayı'nın önünden geçtik. Anıtsal dış cepheler ve oraya uzanan geniş Mall Caddesi her zaman etkileyicidir. Burada her zaman çok sayıda turist olur; bunlar, artık çağımıza uygun olmayan ama gelenek olarak modern İngiltere'nin bir parçası olan nöbet değişimini izlerler.

Gençlik Budalalığı

Çok uzun zaman önce Charles ilk kamerasını satın aldığında, o ve Cynthia bir şaka yapmışlardı. Nöbetçiler ayı postundan yapılma şapkalarıyla seremoniye tam olarak uymak zorundadırlar. Cynthia onların kafalarını karıştıracak, Charles da filme çekecekti. Cynthia bir nöbetçinin yanına gitmiş ve adamın burnunu gıdıklamıştı. Ayı postu şapkalı adam, kılını bile kıpırdatmadan, yüz hatlarında en küçük bir değişiklik olmadan, dimdik durmaya devam etmişti. Ancak bunu bile kameraya çekmek Charles için kameraman olarak bir başarıydı.

Kraliçenin Yeni İkametgâhı

Kraliçe Victoria Kensington Sarayı'nda doğmuş ve taç giyene kadar orada yaşamıştır. O zamandan beri Buckingham Sarayı kraliyet ailesinin Londra'daki ikametgâhıdır. Bayrak dalgalandığında bu kraliçenin orada olduğu anlamına gelir. İkinci Dünya Savaşı sırasında Buckingham Sarayı yedi defa Alman uçakları tarafından vurulmuştur. Hatta bir keresinde bir İngiliz avcı uçağı bir Alman Dornier 17 ile çarpışmış ve her ikisi de sarayın iç avlusuna düşmüştü. Bu filme bile alınmıştı. Bu film, İmparatorluk Savaş Müzesi'nde izlenebilir.

İntikam?

Hitler, kraliyet hanedanlığından intikam mı almak istemişti? Ona yakın davranan Kral VIII. Edward'ın Almanya'ya savaş açmak istememesi nedeniyle tahttan indirilmesi, kardeşi VI. George'un ise ilk büyük konuşması "The King's Speech"de Almanya'ya karşı savaşı desteklediğini ifade ettiği konusunda elbette bilgilendirilmişti.

Ana Kraliçe'nin Tepkisi

Ana Kraliçe, şöyle diyordu: "Bombalarla vurulduğumuz için neredeyse mutlu oldum. Böylece halk savaşın sadece onları değil, aksine kraliyet ailesinin de etkilendiğini görecektir". East End'e, yani rıhtımlara ve liman çalışanlarının evlerine ilk saldırılar gerçekleştirildiğinde, kraliçe, mağdurlara şefkatini göstermek için oraya gitmişti. Ancak yuhalanmıştı. Böylece halk, savaşı anlamsız ve gereksiz gördüğünü, ayrıca Kralın planladığı gibi Almanya'ya bu saldırıları ödetme konusunda hemfikir olmadığını göstermek istemişti. Böyle bir tepki Almanya'da da bekleniyordu. Ancak savaş zamanlarında ve savaş hukuku geçerliyken halkın protestoları artık etkili olmuyordu.

Tahliye

Kraliyet ailesinin korunması gerekiyordu ve aile üyelerinin Windsor Sarayı'nda taşınması kararlaştırılmıştı. Fakat Ana Kraliçe buna karşı çıkmıştı. Şöyle demişti: "Prensesler (Elisabeth ve Margret) Kraliçe olmadan gitmezler. Kraliçe, Kral olmadan gitmez. Kral ise asla gitmez". Bu sözü ona oldukça sempati kazandırmıştı. Londra'yı terk edemeyen halk ile aynı şekilde tehlikelere göğüs germek istemesi, onurlu bir davranış olarak görülmüştü.

Şaşırtıcı

Edward'ın 5 yaşındaki küçük yeğenine Hitler selamı vermeyi öğrettiğini gösteren, Wallis Simpson'un çektiği amatör filmin yanı sıra, VIII. Edward'ı kardeşi ve kardeşinin karısıyla birlikte, iki küçük çocuğunun yanında gösteren bir fotoğraf da ortaya çıkmıştı. Bu iki yıl sonrasına aitti. Bu arada Elisabeth 7 yaşındaydı. Bunun, Edward'ın sadece 11 ay için kral ilan edilmeden kısa bir süre önce, 1935 yılında çekilmiş olması gerekir. Elisabeth'i kolunu dümdüz bir şekilde ileriye doğru uzatmış olarak ve, aman tanrım, annesini de yanında Hitler selamı verirken göstermektedir.

Eaton Meydanı (4.5)

Cynthia'nın dairesi Buckingham Sarayı'ndan pek uzak değil. Sıcak bir şekilde karşılandık ve İtalyan restoranı "Padella"nın kıdemli aşçısı olan, ayrıca bize yemek ikram etmek için beraberinde bir aşçı ve bir garson getiren Antonio'yu bana takdim ettiler. Douglas da çoktan gelmişti. Eşi Lizzy'yle birlikte gelmişti. Onunla, tanınmış bir grupla birlikte Amerika'daki bir turnede tanışmıştı. Douglas baterístti ve grubun hasta olan bir üyesinin yerini almıştı. Lizzy solist olarak bazı gösterilere katılmıştı.

Neredeyse Tamam

Akşam yemeği ekibimiz 9 kişiden oluşuyordu; yani neredeyse dekameronda yer alan Floransalı 10 aristokrat gibi. Diğer bir sürpriz ise Douglas'ın gitarını getirmiş olmasıydı. İtalya'da Antonio'yla tanıştıklarında söyledikleri eski İtalyan şarkıları söylenecekti. İtalya'daki gençlik anıları, hem müzikle, hem de mideyle ilgili olarak.

Battipaglia

Dört yapraklı yonca, Nizza'da yaptıkları tatilden bir yıl sonra Salerno Koyu'nda onlara denk gelmişti. O zamanlar orası bomboş bir plajdı, yani hiç turist yoktu. Kendileriyle aynı yaşta olan, sonraları İngiltere'ye taşınan ve burada bir restoran açan Antonio ile orada tanışmışlardı. Monte Cassino üzerinden Roma'ya gitmek üzere yapılan Sicilya Çıkartması'nda,

Amerikalılar tarafından tamamen yerle bir edilen Battipaglia kökenliydi. Küçük Antonio annesiyle birlikte Napoli'ye götürülmüştü; ancak daha sonra tekrar memleketine dönmüş ve orada balıkçı olarak çalışmıştı.

Strateji

Yankiler botlu birlikleriyle ilerlemeden önce, çıkartmanın yolu üzerinde duran her şeyi yerle bir ediyorlardı. Havadaki üstünlükleri onların, asker kayıplarını en aza indirmek için bu şekilde hareket etmelerine imkân tanıyordu.

Domates Tarlası

Büyük domates tarlaları dışında, iç kesimlerde geniş kumsallardan eser bile yoktu. Sırt çantalı gezginlerin de domates almaya ihtiyaçları yoktu. Uzun Roma domatesi asma filizleri o kadar çok ürün vermişti ki, çiftçilerin hepsini toplaması mümkün değildi. Ancak yakınlarda alışveriş imkânı yoktu; dolayısıyla bizim dörtlü, tekneleriyle denize açılan ve aralarında Antonio'nun da aralarında bulunduğu balıkçılarla arkadaşlık kurmuşlardı. Onlarla birlikte açılabiliyorlardı ve balıkçılar da onlara, daha sonra kamp ateşinde pişirebilecekleri çok sayıda balık bırakıyorlardı. Bir keresinde mattanzaya katılmışlardı. (Bunun ne olduğunu bilmeyenler google'dan araştırabilir).

Capri

Batıda, güneşin battığı ve Capri'de sulara gömüldüğü yerde denize açılmışlardı; böylece Douglas'ın seslendirdiği ilk parça "Kırmızı güneş akşam Capri'de sulara gömülünce, balıkçılar denize açıldılar..." oldu. Antonio'nun çok güzel şarkı söylediğini ve Lizzy'nin de ona katıldığını; böylece çoksesli bir üçlü oluşturduklarını gösterdiler.

Sorrent

Elbette sadece balık ve domates yeterli olmamıştı; bu yüzden dördü birlikte, çok da uzakta olmayan Sorrent'e gitmişlerdi. Burası, turistlerin Capri'ye gitmek için kullandıkları ve ardından Capri'deki mavi mağaraya girdikleri, küçük bir liman şehridir. Cynthia orada yeniden şövalesini kurmuş ve resimlerini satmış; Douglas ise şarkı çalmış ve söylemişti. Böylece vazgeçilmez olan şarap ve elbette üzüm, ekmek ve Parma jambonu için parayı bir araya getirebilmişlerdi.

Carpaccio

Bu arada aşçı mutfakta her şeyi taze olarak hazırlamıştı ve aperatif olarak muhteşem bir dana carpaccio vardı. Garson yemeği maharetli şekilde servis etti ve kısa süre sonra ikinci aperatif de geldi. Spaghetti alle vongole, al dente; öyle süslü bir şey değildi ama Antonio yemeğin lezzetine önem veriyordu, sanatsal şekilde süslenmesine değil.

Saltimbocca Romana

Ana yemek de sıradandı; ama aroması muhteşemdi ve aşılamaz derecede lezzetliydi. Bunun yanında, son derece taze, hatta çıtır çıtır, en özel zeytinyağı ve üzüm sirkesiyle tatlandırılmış karışık yeşil salata vardı. Tatlı olarak ise, sadece İtalyanların yapabileceği kadar muhteşem, taze hazırlanmış Sabayone vardı.

Yemekten Sonra

Yemek yedikten sonra, her ikisi de İtalyan olan aşçı ve garson da bize katıldı. Charles, o zamanlar o bölgeyi nasıl gezip dolaştığını anlatıyordu. Çadırlarının hemen arkasında ünlü Paestum Tapınağı yükseliyormuş. Poseidon Tapınağı ise sahilin hemen arkasında bir tepenin üzerindeymiş. Bu dördü gündüz yüzme yarışı yapıyorlarmış. Bu tapınağı sudan görebilecek kadar uzağa açılmaya çalışıyorlarmış. Lord Byron, İtalyan Günlüğü'nde, bu tapınağı sudan görebilecek kadar uzağa yüzdüğünü yazmıştı. Ancak bu dördü, yerkürenin eğimi nedeniyle bunun mümkün olmadığını belirttiler. Lord Byron bu defa da abartmıştı. Tapınağı gemiden görmüştü.

Napoli

"Napoli'yi gör ve öl" diye bir deyiş vardır. Bu güzel şehir ve elbette Vezüv, doğal olarak sıkça gezilen yerlerden biriymiş. Tabii ki Pompei'yi de görmek istemişlerdi. Bu konuda en çok bilgiye Cynthia sahipmiş ve Villa dei Vettii'yi görmeye çok istekliymiş. En sonunda orayı bulmuşlar. Ancak kadınların buraya girişine izin verilmemesi büyük bir hayal kırıklığı olmuş. Cynthia'nın üzerlerinde çalışabilmesi için Charles'ın müstehcen fresklerin çizimlerini yaparak dışarı çıkarması, Cynthia için en azından bir teselli olmuş. Onun resimleri Charles'ın çizimlerinden daha çok satılmış; daha çok tercih edilmişler ve özellikle içeri girmelerine izin verilmeyen kadınlar bunları satın almış.

Günümüzde elbette kadınlar için böyle bir yasak söz konusu değil.

Zengin bir Amerikalı

Dış görünüşlerinden paranın onlar için önemli olmadığı anlaşılan yaşlı, Amerikalı bir çift, Cynthia'nın Charles taslaklarına bakarak güçlü renklerle resmettiği bir fresk ile ilgilenmiş. Çok etkilenmiş ve bu duvar frizinin çalışma masasının arkasında mükemmel duracağını ifade etmiş. Adam fiyatı sorunca, İtalyanmış numarası yapan Cynthia, bir kağıdın üzerine 1.000 Liret yazmış. Bir Liret o zamanlar bir Fenik değerindeymiş, yani oldukça mütevazi bir fiyat. Ancak günümüze kıyasla o zamanlar paranın on kat daha değerli olduğunu da göz önünde bulundurmak gerekir. Uyanık Douglas "Dolar olarak" demiş. Bu fiyat kadına çok pahalı gelmiş ve kocasını freski satın almaktan vazgeçirmeye çalışmış. Ancak adam o kadar b büyük bir etki altında kalmış ki, bu meblağı Dolar olarak ödemiş.

Para Para Para

Bu hikayeden sonra Douglas gitarıyla Abba'nın bu meşhur şarkısını çaldı, aşçı ve garson da dahil olmak üzere, hepimiz ona eşlik ettik. Bu meblağ ile dört Londralının tüm tatil masrafları karşılanmış. Artık mavi mağaraya girebilecek, Anacapri ve sahilin tamamını gezebilecek paraları olmuş.

Dans Keyfi

Akşamları düzenli olarak dansa veya sinemaya gidiyorlarmış. O zamanların en heyecan verici filmi, Rossellini'nin bir neo-realizmiymiş. Aktris Ingrid Bergmann'ın oynadığı filmi Stromboli çok popülermiş. Stomboli ve Aeolian Adalarına bir gemi yolculuğunu da finanse edebilmişler.

Sophia Loren o zamanlar çok büyük bir yıldızdı. Hatta o bölgeden, Pozzuoli'den, Phlegran sahasının yakınlarından geliyordu.

Mambo İtaliano

Douglas bu ünlü şarkının melodisini çaldı ve herkes ona eşlik etti. Birbiri ardına şarkılar seslendirildi; örneğin Felicita, Senza di te, Volare, Marina, Amore per sempre, l´Italiano und natürlich auch Laura non c´è. Gençlik hatırlanırken, ortam da duygusallaşmıştı.

Youtube

Cynthia büyük ekranlı bilgisayarında Sophia Loren'in videosunu açınca herkes birden coştu, hatta aramızda sadece iki kadın olduğu için, mecburen tek başlarına olsa da, herkes mambo dansı yapmaya başladı. Tabii bu ileri yaşlı bayanlarla baylar, "kalçalarını" taklit edilemez şekilde oyuna katan Loren kadar güzel dans edemiyorlardı

Mesai Bitmiyor

Her ikisi de güzel şarkı söyleyen ve dans eden Giuseppe ve Federico bizimle kalmak istiyorlardı, ancak mesaileri devam ediyordu ve Padella'ya dönmeleri lazımdı.

La guerra parallela (4.6)

Ortama katılmak için Antonio da bize çocukluğundan bahsetti. Babası bir kara gömlekliydi. Roma'ya doğru gerçekleştirilen yürüyüşle Duce'yi 1922'de yönetime getirmeye yardımcı olan Camicie Nere'nin üyesiydi. Daha sonraları İtalyanların müttefiklere karşı gerçekleştirdikleri neredeyse tüm mücadelelere katılmıştı.

Savaş İlanı

Hitler'in ilk başlarda kazandığı askeri başarılar, Mussolini'yi İngiltere ve Fransa'ya karşı kendi hesabına savaş ilan etme konusunda cesaretlendirmişti. "Roma İmparatorluğu"nu ilk olarak Doğu Akdeniz'de yeniden kurmak istiyordu. Birlikleri, Sezar ve Kleopatra'nın tarihi hatırasıyla ilk önce efsanevi Mısır'a doğru ilerlediler.

Süveyş Kanalı

Hitler, İtalyanların savaşa girmesinden memnun olmuş, Alman birlikleriyle onu desteklemeyi kabul etmişti. Süveyş Kanalı'nın Almanların eline geçmesi, İngilizlerin değerli sömürgeleri Hindistan'a kısa yoldan gitmelerini engelleyecekti. Ancak Benito bunu reddetmişti. Bu şerefi tek başına ve yabancı yardımı olmadan kazanmak istiyordu. Başarısı sınırlı kalmıştı; İtalyan birlikleri, İngilizlerin cesurca koruduğu Süveyş Kanalı'na kadar ilerleyememişlerdi.

Fransa ile Savaş

Mussolini, Général Pétain ve Vichy Hükümeti'nin 22.06.1940 tarihinde teslim olmasından iki gün önce, son anda bu ülkeye savaş ilan edip hemen oraya doğru harekete geçmişti. Uzun zamandır İtalyanca konuşan Riviera'yı geri almanın hayallerini kuruyordu. Ventimiglia, Mentone, Monacco ve en önemlisi Nizza. Burası büyük İtalyan özgürlük savaşçısı Garibaldi'nin memleketidir.

İtalyan Alp Köylüleri

İtalyan dağ birlikleri, Aostatal'dan Mont Blanc'a kadar İtalyanca konuşan tüm Alp köylerini ele geçirdiler. Avrupa'nın en büyük dağı artık Fransızca adıyla değil, Beyaz Dağ anlamında Monte Bianco olarak bilinecekti.

Korsika

Bu adada tartışmasız şekilde bir İtalyan aksanı konuşuluyordu, yani İtalya'ya aitti; Napolyon'un doğumundan kısa süre önce Cenova, yüksek borçları nedeniyle bu adayı Fransız Kralına satmış olsa bile bu böyleydi. Böylece bir İtalyan özgürlük savaşçısı yerine Fransız hükümdarı olmuştu.

Tunus

İtalya'nın bu ülke üzerinde coğrafi ve tarihsel iddiaları vardı. Appenine sıradağları Sicilya üzerinden Tunus'a kadar uzanmaktadır. Ayrıca Roma'nın güçlü rakibi Kartaca da orada bulunuyordu. İngiltere, Osmanlı İmparatorluğu'ndan büyük gelir getiren Süveyş Kanalı nedeniyle Mısır'ı, Fransızlar ise büyük ve zengin Cezayir'i kopardıktan sonra, İtalya da Tunus'u sömürge haline getirmek için sıraya geçmişti. Ancak Fransızlar Tunus'un da kendilerine vaat edildiğini iddia ederek, İtalya'nın, o zamanlar petrol zenginliğinden haberdar olunmayan Libya ile yetinmeleri gerektiğini söylemişlerdi. Mussolini ortamın uygunluğundan istifade ederek bu kararı düzeltmek istiyordu.

Çok Sayıda İhtimal

Duce'nin bu kadar çok hedef belirlemesi ve bu kadar fazla bölgede bu kadar çok zafer kazanmak istemesi etkileyiciydi. Hitler onu, Tessin, Locarno, Lugano, Chiasso ve Bellinzona'yı geri almak istediği İsviçrelilere saldırmaktan zar zor vazgeçirebilmişti.

Başarısızlık

Ancak Benito hiçbir yerde bir başarı elde edemiyordu. Hatta yenilmiş Fransa bile Duce'nin İtalyan birliklerinden daha üstündü. Ve Tunus'ta İngiliz birlikleri İtalyanların karşısına dikilince, Mussolini mecburen Almanya'dan yardım almak zorunda kaldı; Çöl Tilkisi General Rommel sayesinde, başlangıçta başarılı bile oldular.

Mare Nostra (Bizim Deniz)

Ancak Mussolini yine de etrafına saldırmaktan kendisini alıkoyamıyordu. Adriyatik tamamen bir İtalyan denizi, bir "Mare Nostra (Bizim Deniz)" olmalıydı. Bu ismi bu denize , imparatoru olduğu dönemde Roma İmparatorluğu'nu en geniş sınırlara ulaştıran İmparator Hadrian vermişti.

Vaat

Bunun yanı sıra, Churchill Duce'ye, tarafsız İtalya'yı Tuna Monarşisine [Avusturya-Macaristan İmparatorluğu - e.n.] ve Viyana'daki İmparatora karşı savaşa sokmayı başarması durumunda, Dalmaçya kıyılarındaki tüm sahil kentlerini vermeyi vaat etmişti. Duce bunu başarmıştı; İtalya Isonzo savaşında ve Pordoijoch'ta dağ birliklerinin mücadelesinde müthiş sayıda kurban vermişti.

Yerine Getirilmeyen Vaat

Ancak Churchill bu vaadini yerine getiremedi, çünkü sahilin tamamını Sırbistan Kralı'na vermek zorundaydı. Eğer Sırbistan kralının gizli örgütü "Kara El" suikastçıyı para ve silah ile desteklemememiş olsaydı, Gavrilo Princip veliaht ile karısını 28.06.1914 tarihinde Saraybosna'da öldüremezdi. Bu, Churchill'in yıllardır hasretle beklediği şanlı I. Dünya Savaşı'nın başlama vuruşuydu. Bu yüzden Sırbistan Kralı'nın ödüllendirilmesi gerekiyordu.

Duce, Yunanistan'a ait Santorini ve Rodos adalarıyla, Türkiye'nin batısını işgal etme hakkı ile yetinmek zorundaydı. Ama yine de o günlerde bir tek İtalyan'ın bile yaşamadığı o muhteşem Güney Tirol'u elde etmişti.

Arnavutluk

Benito Yugoslavya'ya saldırmaya cüret edememişti, ancak küçük Arnavutluk göz açıp kapayıncaya dek eline geçmişti. Ayrıca, antik zamanlarda Roma İmparatorluğu'na ait olan Yunanistan'ı da fethetmek istiyordu. Yunanlıların askeri gücünü yanlış hesapladı ve Başbakan Metaxas tarafından ağır şekilde mağlup edildi. Bu zafer halen Yunanistan'da Oşi Günü olarak kutlanır. Metaxas, ünlü konyağı üreten Metaxas ailesinin bir üyesidir.

Teklif

Churchill, Duce'ye karşı savaşta Yunanistan Başbakanına yardım teklifinde bulundu. Bu teklif nazikçe geri çevrildi; çünkü İtalyan birlikleri yenildiği için artık gerek kalmamıştı. Churchill yine de İngiliz birliklerine Selanik'e çıkma emri verdi; çünkü orada, Romanya'daki petrol kaynaklarını bombalayacak bir askeri üs kurmak istiyordu. Bu petrol kaynakları Hitler'in, askeri uçaklarına yakıt sağlamak için erişebildiği yegâne yerdi.

Yüz Kızartıcı Hata

Metaxas buna izin vermek istemedi. Yunanistan tarafsız kalmalı ve hiçbir şekilde bu savaşın içine çekilmemeliydi. Bu Metaxas'ın özel İngiliz doktoruna göre yüz kızartıcı bir hataydı. Hastasına ilaç yerine potasyum siyanür verdi.

Bazıları bunun doktorun Churchill ile yapmış olduğu telefon görüşmesiyle tamamen irtibatsız olamayacağından şüphe etmektedir.

Koryzis

Metaxas'ın yerine Alexandros Koryzis geçti. Hitler'in 06.04.1941 tarihinde yaptığı İngilizleri ülkeden çıkarması talebini reddetti. Bu yüzden sadece 10 gün sonra Alman birlikleri Yunanistan'a girdi; çünkü Hitler, petrole erişimini baltalayabilecek bir İngiliz askeri üssünün varlığını kabul etmek istemiyordu.

Bu hızlı tepki etkileyiciydi; çünkü Yunanistan'ın Alman topraklarına sınırı yoktu. Alman birliklerinin önce Almanya'nın yanında yer almayan Yugoslavya'dan geçmeleri ve bu arada elleri değmişken burasını ele geçirmeleri, ya da operasyonu Bulgaristan'dan yürütmeleri gerekiyordu.

İntihar

18.04.1941 tarihinde Koryzis, kendi hayatına son vermek dışında bir çıkış yolu görememişti. Yerine geçen Emmanouil Tsondoros ise görevde geçirdiği iki günün ardından Girit Adası'na kaçmak zorunda kalmıştı. 02.06.1941 tarihinde Alman paraşütçü birlikleri, İngilizlerin de kaçmış olduğu Girit Adası'na inince, bu sefer Mısır üzerinden İngiltere'ye kaçtı.

Protokol

İngilizlerin, Selanik'e yaptıkları çıkartma ve ardından Girit Adası'nda neden oldukları savaş hasarlarını tazmin etmeleri gerekiyordu. Tsondoros ve İngiliz Büyükelçisi arasında, Yunanistan'ın savaştan sonra tazminat olarak Kıbrıs Adası'nı almasını karar bağlayan bir protokol imzalandı. Ancak savaştan sonra bu protokol söz konusu bile olmadı.

Şanslı Şeytan

İngilizlerin Selanik'e çıkışları tam bir felaketti. Askeri anlamda hiçbir faaliyette bulunmadan, binlerce kişi sıtmadan hayatını kaybetti. İngilizlerin Girit Adası'na çıkmaları ve paraşütçü birliklerce buradan kovulmaları, Churchill'in I. Dünya Savaşı'nda Gelibolu'da yaşadığı başarısızlıkla eşdeğerdir.

Artık istifa edip etmemesi gerektiği tartışılmaya başlanmıştı. Churchill, tüm yanlış kararlarında, her seferinde, hep kazanan tarafta oldu. Başından beri, her halükarda kazanan tarafta olanlarla, yani para çantalarıyla aynı taraftaydı.

Kişisel Deneyim

Girit'le ilgili bu olaylara kişisel bir hatıramla katkıda bulunmak istiyorum. Henüz okula başlamadan önce, müzik öğretmeni Bay Vater dükkânımıza geliyordu ve ondan, benimle aynı yaştaki kızıyla birlikte blok flüt özel dersi alıyordum. Bir gün müzik öğretmenimiz dükkâna mutlu bir şekilde geldi: "Paraşütçü birliklerimiz Girit'e indi". Bunu unutmamamın nedeni ise Bay Vater'in bu sevindirici haber nedeniyle hapse düşmesiydi. Aslında Hitler, çok sayıda kayıp verildiği için bu haberi ilk başta paylaşmamıştı. Bay Vater kesinlikle yasak olmasına rağmen Londra Radyosunu dinlemişti. Ancak sadık bir parti üyesi olduğu için üç gün sonra serbest bırakılmıştı.

Erteleme

Antonio aslında Sicilya çıkartmasından sonra İtalya'nın nasıl geri alındığını anlatmak istiyordu. Ancak saat geç olmuştu; bu yüzden bu kısmı erteledi ve telafi etmek için bizi restoranına davet etme sözü verdi.

Ertesi gün için Douglas ile Temple Sokağı'nın batı ucunda buluşmaya karar verdik. Ev sahibesi Cynthia'ya teşekkür etti ve büyük bir akşam yemeğinin, böyle güzel bir akşamın, ancak kadınlar tarafından gerçekleştirilebileceğini belirtti; yine de gece yarısı bir "akşam yemeği" planladığını, elbette müzik ve şarkılarının da mutlaka olacağını söyledi.

Beşinci Gün (5)

Cynthia'daki uzun akşamın ardından ilk olarak uzunca bir uyku çekildi. Kahvaltı ve öğle yemeği yerine, geç saatte kahvaltı yaptık ve öğleden sonra, daha önce kararlaştırıldığının aksine, St. Paul's Katedrali'nin önünde buluştuk.
Houston beni girişin önünde bekliyordu.

St. Paul's (5.1)

Bu devasa katedral neredeyse Roma'daki St. Pietro Bazilikası kadar büyüktür. 1666 yılında, büyük yangında yıkılan eski katedralin yerine inşa edilmişti. 1806 yılında, Trafalgar'ın fatihi olan ve Trafalgar Meydanı'nda yüksek sütunlar üzerinde Londra şehrini seyreden Lord Nelson'un resmi cenaze töreni burada yapılmıştı.

1981'de Diana ve Charles'ın tüm dünya tarafından izlenen düğünü burada gerçekleştirilmişti. Kubbesi, yılın her bir günü için bir adım olacak şekilde 365 adım, yani 111 m yüksekliğindedir. Yeterince sportif olanlar, 528 basamağı tırmanarak çatıdan tüm şehri seyredebilir. Kubbenin aşağıdan görünümü etkileyicidir; ayrıca dürbünle bakıp tüm detayları görünce daha da devasa hale gelmektedir. Fısıldayan Galeri "Whispering Gallery" birçok anekdota sebep olur. Bu galerinin ne amaçla inşa edildiği, bugüne dek bir muammadır.

Yeraltı Mezarlığı

Katedralin altında, içerisinde sonsuz sayıda mezarın bulunduğu bir yeraltı mezarlığı vardır. Elbette Lord Nelson burada gömülüdür; ancak William Turner, onun büyük ressamı, müzisyen Sullivan, penisilinin kaşifi Fleming de burada gömülüdür. Churchill buraya gömülmemiştir, sadece bir heykeli vardır; Florence Nightingale'ın hatırasını ise hiç olmazsa bir heykel yaşatmaktadır. Nightingale, Kırım Savaşı'nda yaralı askerleri savaş alanlarında tedavi eden ilk kişidir.

Amiral David Beatty

Houston, onun mezarına özellikle dikkatimi çekti. Sudan'daki Hartum savaşında bulunmuş, İkinci Afyon Savaşı'na katılmıştı. Churchill'in sekreteriydi. Çin'de Boxer İsyanı'nda savaşmıştı, Kraliyet Donanmasının amiraliydi. 1914'te Helgoland savaşına, 1915'te Doggerbank'a katılmıştı. 1916'da Skagerrak Deniz Savaşı'nda İngiliz Donanmasına kumanda etmişti, "kahrolası gemilerimizle ilgili bir şey yolunda gitmiyor". Ancak ardından yeniden savaş düzeni alma emri vermişti, "düşmanımızın tiksinilecek bir canavar olduğunu unutmayın". Yani eski patronu Churchill'le aynı kelime hazinesine sahipti.

Yansıma

Churchill her zaman Almanların, onlara Hunlar derdi, insan değil canavar olduklarını söylerdi; Almanlar da 1945'ten sonra Yahudilerin katledilmesi nedeniyle bunu tasdik etmiş oldular. Beatty bunu İmparatorluk zamanında iken biliyordu; neden o kadar da hızlı şekilde ortaya çıkarılmadığı ise gizemini korumaktadır. Skagerrak Savaşı'nda Beatty'nin kumanda ettiği dünyanın en büyük filosuna sahip İngilizler, Almanlar tarafından yenilgiye uğratıldılar ve gemilerinin çoğu battı. 6.000'den fazla İngiliz denizci hayatını kaybetti. Almanlar da yaklaşık 2.000 civarında acı kayıplar vermişlerdi. İngiliz basını bu yenilgiyi bir galibiyet olarak pazarlamıştı.

Eğer Churchill başkumandan olsaydı, bu savaş acaba nasıl bir şekilde gerçekleşirdi? Gelibolu felaketinden sonra Churchill tenzili rütbe yaşamıştı ve yerine Beatty geçmişti. Sanırım başta Churchill olsa, her şey çok daha kötü olurdu.

Wren'in Mezarı

Elbette mimarın mezarı da yeraltı mezarlığındadır. Üzerinde hiçbir süsleme bulunmayan, parlatılmış, büyük bir siyah mermer levhadan ibarettir. Tüm tarihi yerlerde olduğu gibi burada da küçük öğrencileriyle birlikte bir öğretmen vardı. Çekinmeden mezar levhasının üzerine oturdular; bazıları önünde yere oturdu, bazıları ise ayakta durdu. Öğretmenleri onlara büyük bir resimle katedralin büyük yangından önce nasıl göründüğünü gösterdi. Küçük Londralılar şehirlerinin ve ülkelerinin tarihini daha ilkokulda böyle görerek öğreniyorlar.

City of London (5.2)

Bu ziyaret sonrasında ılıman bir havada Londra şehrinde bir gezintiye çıktık. Ludgate Tepesi'ne çıktık, Old Bailey'ye kısaca uğradıktan sonra Fleet Sokağı'na ve Gazeteler Sokağı'na gittik. Houston, birkaç gazetede hicivlerinin yayınlanmış olduğunu anlattı. Elbette diğer eski barlarda da molalar verdik ve her seferinde birer bira içtik.

Ye Olde Cock Tavernası

Bu sevimli bara Tennyson ve Samuel Pepys uğruyordu. Houston burada bana kısa bir fıkra daha anlattı. Churchill Almanya'nın, yani üç batı işgal bölgesinin Almanya Federal Cumhuriyeti adı altında birleşmesinden hiç memnun olmamıştı. Almanya'nın sürekli paramparça bir halde olmasını istiyordu. Ayrıca, bir daha tek bir Alman'ın bile eline asla silah alamayacağına dair söz vermiş olmasına rağmen, Bundeswehr'in [Federal Ordu - e.n.]kurulması karşısında öfkesi neredeyse sınırsız hale gelmişti. Ancak Şansölye Dr. Adenauer'i devlet başkanı olarak istese de, istemese de kabul etmek zorunda kalmıştı. İlk karşılaşma çok soğuktu. İkincide ise durum telafi edilmiş ve dostça denebilecek bir havada geçmişti.

Adenauer

Adenauer'in "geçmişteki aptalca sözlerimi neden umursayalım" sözü, Churchill'in hoşuna dahi gitmişti. Hatta "bu söz bana ait bile olabilir" demişti. Ardından Adenauer söyle devam etmişti, "yeni Almanya bu arada İngiliz demokrasisinin geleneklerine büyük oranda uyum sağladı Devlette önemli bir pozisyon doldurulacağı zaman artık parti üyesini almıyoruz; en yetenekli kişiyi belirlemek için bu pozisyon hakkında duyuru yapıyoruz. Bonn'daki yüksek ücretli bir yönetim pozisyonu bu şekilde ilama çıkmış, başvuran çok sayıda kişi arasından üç kişi kısa listeye kalmıştı: Bir ilkokul öğretmeni, bir tüccar ve bir Yahudi.

En Yetenekli

Bu üçüne sınav soruları yöneltilmişti: 2 + 2 kaç eder? İlk olarak ilkokul öğretmeni sevinçle atılmış ve "Bu çok kolay. 4 eder" demişti. Tüccar ise şöyle yanıt verdi: "O kadar da kolay değil, ancak 4 civarında bir şey eder". Yahudi ise karşı çıktı ve şöyle söyledi: "Elbette kolay. Satın alırken 3, satarken 5 eder". Peki, pozisyon kime verilmişti?

Adenauer şöyle cevap vermişti: "Dikkatli değerlendirmelerden sonra bu pozisyona karımın kuzenlerinden birini atamaya vermeye karar verdim".

Churchill gülmüş ve şöyle demişti: "Almanya'nın İngiliz modeline uygun gerçek demokrasiye doğru en iyi yolda ilerlediğini görüyorum".

Cheshire Cheese

Birkaç adım attıktan sonra yine susadık ve "Cheshire Cheese"e gittik. Burada gerçek İngiliz keçi peyniri bulunur. Burası Dickens ve Chesterton'un favori barıydı. Papaz Brown veya Everlasting Man adlı kısa hikâyelerini bir kısmınız mutlaka biliyordur. Houston, burada bana FDR'nin, ebeveynlerinin kaplıcaya gittiği Bad Nauheim'da yaşadığı bir gençlik hikâyesini anlatmaya yeltendi. Ancak bunu sonraya bırakmayı daha uygun buldu. Houston, bu başkanın kara cahil ve Adem'in cennetten kovulmasından önceki hali gibi saftiriğin teki olduğunu düşünüyordu.

Ancak konu para olunca, adam harika fikirlere sahipti. 1932'de başkan olunca, özel kişilerin altın bulundurmasını yasaklayan bir kanun çıkardı. Altınını Dolar banknotları karşılığında bankaya satmayanlar 10 yıl hapis cezası ile karşı karşıya kalıyordu. 4,5 Milyar Dolar teslim edildikten sonra, artık büyük ihtimalle altınların tümünü topladığına kanaat getirerek, altın fiyatını %100 artırmıştı. Böylece bir hamlede bankaların 4,5 milyar dolar kazançları olmuştu.

Daha doğrusu, kazananlar aslında bankaların sahipleriydi. New York'un en büyük bankası Chase Manhattan Rockefeller'a aitti, Baron von Rothschild'in ise birkaç bankası vardı. Her ikisinin de bu iyiliğin karşılığını verdiği düşünülebilir.

Temple Bar Anıtı

Bu anıt Fleet Caddesi'nin sonunda, yolun ortasında bulunur. Bu, City of London'un sonunu gösterir ve Fleet Caddesi buradan itibaren "kıyı" adını alır ve Westminster'a dahil olur. Yakınında, bizim de seyrettiğimiz ilginç yapılar bulunur; örneğin 1185 yılında Tapınak Şövalyeleri tarafından Kudüs'teki Kutsal Mezar Kilisesi model alınarak yapılan Tapınak Kilisesi.

Orta Tapınak Salonu

Shakespeare burada 1602 yılında On İkinci Gece'yi icra etmişti. Tüm bu binalar Thems'e kadar uzanan, parka benzeyen bir yeşil alan üzerinde bulunmaktadır. Burası çok sayıda banka sahip bir sükûnet cennetidir (oasis of tranquillity). Artık hava karardığı için burada oturup önümüzden geçen ışıklandırılmış gemileri seyrettik. Douglas'ın oturduğu Temple Caddesi'nin girişi, birkaç adımlık keyifli bir gezi yoluydu.

Temple Caddesi (5.3)

Douglas ve Lizzy'yle Birlikte

Bizi bekliyorlardı bile. Lizzy piyano çalıyordu. Sadece bir sarkıcı değil, aynı zamanda mükemmel bir piyanist olduğu da kısa sürede anlaşıldı. Jazz müziğine tutkuyla bağlıydı. Charles ve Cynthia da Lizzy'nin yanında duruyor ve onu hayranlıkla dinliyorlardı.

Büyük Salon

Son derece zengin bir şekilde dekore edilmiş olan dairelerinden çok etkilenmiştim. Douglas her zaman alçak gönüllüydü. Her zaman meteliksiz bohemi oynamıştı. Ancak aslında soyluların en üst tabakası arasında yer alıyordu ve ben bunu ilk defa bugün öğreniyordum.

Sürpriz

Douglas, hepimiz için büyük bir sürpriz hazırlamıştı. Dev gibi bir ekranda bize 1933 yılında Oscar kazanmış olan eski bir kısa filmi izletmek istiyordu. Bunun için koltuklarımızı ekranın önünde yarım daire oluşturacak şeklinde düzenledi.

Pride of London

Douglas, fazla söze gerek kalmadan akşamı açmak istiyordu. Ancak cihazı çalıştırmasından önce sadece Londra'da mayalanan ve sadece Londra'da içilebilen en iyi İngiliz birasıyla kadeh kaldırdık: Pride of London.

En çok birayı Almanlar içer diye bilinir, ancak İngilizler bu konuda onları tek geçer. Biraları ve insanın boğazından aşağıya yağ gibi akan "ale", rakip tanımaz. Günümüzde halen birçok İngiliz kovalar ve fıçılar içerisinde evde kendi birasını mayalar.

Duyuru

Kadınlar da kadeh kaldırdılar; ardından Douglas, bu birayı özellikle seçtiğini, çünkü Lizzy ile birlikte gecenin ikinci yarısının açılışında, neredeyse ulusal marş haline gelmiş olan Noel Coward'dan "Pride of London"ı sunacaklarını duyurdu.

Kısa Film

Her birimiz oturmak için rahat bir yer seçtikten sonra, başka bir giriş yapmadan televizyonu açtı ve 1933 yılında ödül kazanmış olan bu filmi DVD'den oynatmaya başladı. Bu film, iki Westland Wallace uçağıyla Everest Dağı'nın üzerinden gerçekleştirilen ilk uçuşu gösteriyordu.

Uçuşun Başlangıcı (5.4)

Bu iki pilottan biri onun büyük amcası Douglas Douglas-Hamilton'mış, 14. Hamilton Dükü. O zamanlar uçmak bir öncülük işiymiş. İkinci çift kanatlıda ise dostu ve silah arkadaşı uçuyormuş. Her ikisinin arkasında da fotoğrafçıları bulunuyormuş. Bu uçuşun özelliği, günümüzde yolcu uçaklarının kıtaların üzerinden uçarken ihtiyaç duyduğu irtifaya yakın, devasa bir yükseklikten, yani 8.848 metre yükseklikten uçulmuş olmasıdır.

Arıza

03.04.1933 tarihinde gerçekleştirilen ilk uçuşta, neredeyse her şey ters gitmiş. Bu yükseklikteki eksi 40 derecelik aşırı soğuk nedeniyle benzin donmuş; hava soluk alınamayacak kadar inceymiş ve solunum maskeleri bu soğukta çalışmamış. Dördü de boğulma tehlikesi geçirmiş. Ayrıca kameralar da bloke olmuş ve tüm fotoğraf malzemesi kullanılamaz hale gelmiş.

Yasak

Bu dördü Everest Dağı'nı bu şekilde geçmişler ancak bir fotoğraf bile gösterememişler. Londra'da hükümeti, hayat tehlikesi olduğu için uçuşun tekrarlanmasını yasaklamış.

Tamirat

Ancak bu dördü yılmamış. Solunum maskelerini ve kameralarını epeyce kurcalamışlar. İlk zamanlarında bir pilotun kendi arızasını kendisi tamir etmesi gerekiyormuş. Yasağa rağmen 19.04.1933 tarihinde ikinci denemeyi yapmış ve başarmışlar.

Net resimler çekmişler.

Bu seferki fotoğraf kalitesi etkileyiciymiş. İlk defa, zirvenin yakın çevresinin o zamana kadar hiçbir insanın görmediği yerleri görülmüş. Daha sonraları Hillary ve Sherpa Tensing'in Everest Dağı'na ilk tırmanışı gerçekleştirmeleri, eğer bu fotoğraflara bakarak rotalarını belirlemiş olmasalardı, mümkün olmayacaktı.

Charles Lindbergh

Bu kısa filmle ilgili genel bir tartışma başladı. Herkes, bugün bile, havacılığın başlangıç döneminin ne kadar çok heyecanlı ve ilginç olduğun konusunda hemfikirdi. Lizzy, hemşerisinin ilk defa ve tek başına uçakla Atlantik Okyanusu'nu geçerek, ilk defa uzun menzilli uçuş sorununu çözdüğünü; bu öncü kişinin bunu yaparken de hayatını tehlikeye attığını belirterek katkıda bulundu.

Uluslararası

Bu öncüler ayrıca birbirleriyle ulusal sınırları aşan ilişkiler kurmuşlardı. Mesela Lindbergh, kendisi de fanatik bir pilot olan VIII. Edward'la yakın bir arkadaşlık kurmuştu. Edward, babasının ölümünden sonra kral olmasıyla birlikte, Sandhurst'tan Londra'ya tek başına uçmuştu; bu İngiliz Kraliyet Ailesinde bir ilkti.

Gece Uçuşu

Cynthia, gece uçuşu sorununun da o dönemde çözülmesi gerektiğini hatırlattı. En sevdiği yazarlardan birisi olan St.-Exupéry, o dönemde bu alandaki öncü çalışmalar gerçekleştirmişti. Cynthia, onun en ünlü kitabı "Gece Uçuşu"nu hatırlattı. St.-Exupéry, Santiago di Chile ile Arjantin arasında düzenli bir posta hizmeti kurulmasına yardımcı olmak istiyordu. Yüksek And Dağları ilave bir engel oluşturuyordu. Çoğunlukla kendi uçağının arızalarını kendisi tamir etmek zorunda kaldığından bu onun için günlük bir deneyim haline gelmişti. Yakın çevresinde ona yardım edecek kimse olmadan tek başına çöle indiğinde, kaderi kendi teknik becerilerine kalıyordu. Ancak bu konuda her şey; küçük prensin her acil durumda ona yardımcı olması gibi kurulan ilişkilere bağlıydı.

Yüksek Sosyetenin Hobisi

Kral George'un en genç kardeşi, 1. Kent Dükü de yetenekli bir pilottu. Savaşta daha büyük uçaklar da uçurmuştu. Kendisi büyük amcamın en yakın arkadaşıydı. Büyük amcam, o zamanlar, ailesinin İskoçya'daki eski av köşkü Dungavel Kalesi'ne kendi uçak pistini inşa ettirmişti. Kraliyet ailesinden arkadaşı genellikle hafta sonları oraya iner ve birlikte uçuş yarışı yaparlardı.

Hess de 10.05.1941 tarihinde bu uçak pistine inmişti.

George, Birinci Kent Dükü

Kendisi V. George ile Kraliçe Mary'nin, yani son derece zarif ve güzel bir kadın olan - Avrupa'nın en güzel kadını olduğu kabul ediliyordu - Maria von Teck'in dördüncü oğullarıydı; çok yakışıklı ve sportif bir delikanlıydı. Bazıları için şimdi kızıl saçlı Harry'nin olduğu gibi herkesin sevgilisiydi; bazıları için ise kraliyet ailesinin "korkunç çocuğu"ydu. Son olarak yabancı bir asilzade olan Yunanistan ve Danimarka prensesi Marina ile evlenmişti. Düğünü son derece gösterişli olmuştu. Daha sonraki tüm kraliyet düğünleri İngiliz asilzadeleri veya tebaasıyla yapılmıştı.

Florence Mills

George'un evlenmeden önce birçok dansçı, oyuncu ve şarkıcıyla ilişkisi olmuştu. Cazın kraliçesi Florence Mills ile olan ilişkisii özellikle sansasyon yaratmıştı. Mills, ilk siyahî büyük yıldız olarak kabul ediliyordu. Lizzy akşamın başlangıcında piyanoda onun ünlü müzikali "Siyah Kuşlar"dan bir müzik çaldı.

Edyth Baker

Evet efendim, o benim bebeğim,
Sen benim kalbimin hazzısın,
Gökkuşağı nerede,
Şafağa kadar dans

O da Prensin diğer bir aşk ilişkisiydi.

Noel Coward

Evliliği sırasında da başka kadınlarla ilişkisi olmuştu; - aman Tanrım - yanar döner Noel Coward'la bile. O, deyim yerindeyse biseksüeldi.

Çok sevilen aktris Inge Meysel'i açılmaya cesaretlendirdiklerinde, gerçek bir Berlinli tavrıyla "Ben biseksüelim. Burada en geniş seçeneklere sahibim" demişti. Bu, 1. Kent Dükü için de geçerliydi.

Şampanya

Sonra Douglas akşamın ikinci kısmına geçiş yaptı. İlk olarak havacılığın başlangıcı ele alınacaktı. Sıradaki konu Hess'in uçuşuydu. Bu uçuş, II. Dünya Savaşı'nın en garip ve en gizemli olayıydı. Ancak önce bira içmeyi bıraktık ve Lizzy şampanya şişelerini dolaştırdı. Hizmet personeli o zamana kadar arka planda çalışmışlardı; ancak şimdi şampanya kadehlerini ve köpürterek açtıkları şişelerini getirdiler. Hep birlikte kadeh kaldırdıktan sonra Douglas, Londralıların ünlü direniş şarkısı olan Noel Coward'ın "Londra'nın Gururu-Pride of London"ı söylemek istedi. Bu şarkıyı Londra'nın 10.05.1941 tarihinde geçirdiği en ağır bombardımanın ardından yazmış ve bestelemişti. 500 uçak, bombalarını şehrin üzerine fırlatmış ve çok ağır hasarlara neden olmuştu. Orkestranın yokluğunda Lizzy ona piyanosuyla eşlik etti.

Sözler

Londra'nın gururu bize kalan mirastır.
Londra'nın gururu özgür bir çiçektir.
Londra'nın gururu bizim için sevgili şehrimizdir,
Ve sonsuza dek bizim gururumuz olacak.

Bu, sevilen şehir Londra'ya bir aşk ilanıdır.

Ayaklar tarihin ritmine damga vuruyor.
Her cadde bir hatırayı kaydediyor.
Hiçbir şey asla yerine koyulamaz
Londra şehrinin zarafetinin.

Şehrin tarihi önemini hatırlatıyor.
Her yıldırımda direnciniz artıyor,
Ritz'ten Anchor and Crown'a kadar,
Hiçbir şey asla alt edemez
Londra şehrinin gururunu.

Her saldırı sadece direnci artırdı ve hiçbir şey Londra'yı alt edemez.

Melodi

Bu şarkının melodisinde müzik tutkunları için keşfedecek çok şey var. Coward, "Tanrı Kralı Korusun"dan, "Umut ve Şanın Ülkesi"nden, hatta "Almanya Almanya Her Şeyden Üstün"den bile bölümleri bir araya getirmişti.

Yeniden Şekillendirme

Günümüzün korkunç terör saldırıları sonrasında, Londralıların direnme azmini yeni, değişen durumda da ifade edebilmesi için, bu şarkının birçok yeni düzenlemesi yapılmıştır.

Geçiş Sebebi

Douglas bu şarkıyı akşamın ikinci konusuna geçiş için seçtiğini; çünkü, Londra'ya büyük bombardımanın başladığı 10.05.1941 tarihinde Hess'in de gizemli uçuşuna başladığını anlattı.

Augsburg

Hess, İskoçya'ya kadar sürecek bu uzun uçuş için Messerschmitt fabrikasında sportif uçağını tümüyle modifiye etmek zorunda kalmıştı. Depodaki kerozin, böyle bir mesafe için kesinlikle yeterli değildi. Bu nenle yardımcı pilotun ve bir yolcunun koltukları yerine bu uçuş için yeterli olacak büyük depolar yerleştirilmişti. Dönüş için depoların yeniden doldurulması gerekiyordu.

Başlangıç

Anlaştıkları üzere Hess uçuştan önce Hitler'e kuryeyle bir mektup göndererek başlamaya hazır olduğunu ve uçağa bineceğini bildirmişti.

Uçuş

Hess, Ren nehrinden aşağıya doğru önce Rotterdam'a, ardından da kanal üzerinden uçmuştu. Radara yakalanmamak için oldukça alçaktan uçuyordu. Tam bu zamanda 500 uçakla Londra'ya düzenlenen hava bombardımanı başladığı için, İngiliz hava savunması tümüyle bu saldırıyı savuşturmaya yoğunlaşmıştı. Sonuç olarak İngiltere'nin güneyine gerçekleştirilen bu uçuş, Hess için büyük bir tehlike oluşturmuyordu.

Plan

İskoçya'daki planlanan iniş alanı olan Dungavel Kalesi'ne yaklaştıkça işler zorlaşmıştı; çünkü Churchill gizli servisi sayesinde bu plandan haberdar olmuştu. Ayrıca, kendisinin görevden alınmasını ve Hess'in Führer'in yetkili temsilcisi olarak İngiliz Parlamentosu'na girmesini - Hess mükemmel İngilizce konuşuyordu - ve parlamenterlerle İngiltere ve Almanya arasında bir barış antlaşmasını müzakere etmesini amaçladığını da biliyordu.

Churchill aslında İngiliz menfaatini temsil etmiyor; aksine sadece Amerikalı büyük finans gücünün talimatlarını yerine getiriyordu. Daha açık söylemek gerekirse ona bu görevi veren Baron von Rothschild hem İngiltere'de hem de Amerika'da 1 numaralı kişiydi. Ve Hess'in girişimiyle, bu grubun faaliyetleri sona erecekti.

Hücum 42

Churchill, Hitler'in planını engellemek için Hess'in uçağını vurmak istiyordu. Böylece iş kökünden halledilmiş olacaktı. Hücum 42 adı altında 3 adet saldırı uçağı ve bir adet özel gece avcı uçağı, cesur yalnız pilotu avlamaya gönderildi. Küçük bir Alman uçağının Dungavel Kalesi'ne doğru uçtuğu ve mutlaka vurulması gerektiği şeklinde bilgilendirilmişlerdi.

İrtibat Subayı

Churchill, ayrıca önlem olarak irtibat subaylarından birini, Douglas Hamilton ile birlikte Dungavel Kalesi'nde toplanmış olan topluluğun içerisine sızdırdı. Eğer Hess'in Messerschmitt uçağını vurmakta başarısız olunursa, planı engellemek için bir fırsat daha olacaktı.

En Yüksek Performans

Gerçekten de A planı başarısız oldu. Hess, hiçbir telsiz bağlantısı olmaması ve hiç bilmediği bir bölgede uçuyor olmasına rağmen, arkasındakilerin hepsinden kurtuldu. Uçağının bir gece uçuşu için özel olarak teçhiz edilmemiş olmasına rağmen, yine de hedefini bulmayı başarmıştı.

Meşaleler

Hess'in güvenli şekilde inebilmesi için iniş pisti meşalelerle işaretlenmişti. Hepsi uçak pistinde bekliyordu; binanın etrafında daireler çizen uçak ilk telsiz bağlantısında inmek için hazır olduğuna dair sinyal gönderdi.

Alfred Horn

İniş izni sağlayacak olan kod, Alfred Horn idi. Hess de kendisini bu şekilde tanıttı. Churchill, irtibat subayının Hess'le ilk telsiz bağlantısını kuracak kişi olduğunu ve verdiği göreve uygun şekilde hareket ettiğini anlamıştı. İniş izni vermek yerine ihanete uğradık, meşaleleri söndürün, diye bağırmaya başlamıştı.

Çaresiz

Hess, kerosin azalana kadar daha uzunca bir süre ne olduğunu anlamadan Dungavel Kalesi'nin etrafında daireler çizdi. Gece güvenle iniş yapılabilecek bir alan tespit etmek mümkün olmadığı için paraşütle atlamaya ve uçağı yere çakılmasına izin vermeye karar verdi.

Paraşütle İlk Atlama

Hess daha önce hiç paraşütle atlama alıştırması yapmamıştı. Bu onun ilk denemesiydi. Bilinmeze doğru bir atlayış. Altında ne olduğunu, nereye indiğini, ağacın mı yoksa ev çatılarının mı üzerine indiğini göremiyordu. Karanlık bir geceydi. Bu yüzden zorlu bir iniş oldu. Bu sırada bacağı kırıldı.

Hapsedilme

Churchill'in Dungavel Kalesi'nin etrafına konuşlandırdığı, Home Guards adı verilen birlikler, Hess'i yakaladılar ve hapsettiler. Bu haber derhal Churchill'e ulaştırıldı.

Oxford

Churchill o sırada Oxford'daydı. Hitler'in yardımcısının uçağına ne olduğunu öğrenmek için orada beklemek istemişti; ayrıca o sırada Londra'ya gerçekleştirilen büyük bombardımandan da haberdar edilmiş olduğu için, burada tehlikeden uzaktaydı.

Memnuniyet

Churchill keyifle ellerini ovuşturuyordu. Hess planlandığı gibi ölmemişti; bu beraberinde bazı aksaklıklar getirebilirdi. Ama en azından kendisinin tutsağıydı. Memnuniyet içerisinde arkasına yaslandı ve izlemekte olduğu filmi tamamlamaya hazırlandı; bu muhtemelen Ingrid Bergman'ın oynadığı Casablanca idi. Ertesi gün bu olayla ilgilenecekti.

Casablanca

Casablanca, mükemmel bir şekilde hazırlanmış bir propaganda filmidir. Günümüze kadar kült özelliğini korumuştur. Fas'ın bu şehri o zamanlar halen Fransız Vichy Hükümeti'nin yönetimi altındaydı. Bu nedenle film tamamen Hollwood'da çekilmişti. Casablanca'da aslında filmdeki ünlü kafe yoktur. Aradan geçen zaman zarfında, meraklı turistlerin ziyaret edebilmesi için, bu kafe film setinden kopya edilerek yeniden inşa edilmiştir.

Sızıntı (5.7)

Douglas bu uçuşun hangi şartlarda gerçekleştirildiğini heyecanlı bir şekilde anlattıktan sonra, hepimiz İngiliz Gizli Servisi'nin bu planları öğrenmesine ve girişimin başarısızlığa uğratmasına imkân sağlayan sızıntının nerede olduğunu merak ettik.

Ama öncelikle birer kadeh daha şampanya almamız ve büyük bir yudumla bu hikâyenin oluşturduğu gerginliği üzerimizden atmamız gerekiyordu.

Hikâyenin Arka Planı

Douglas yeniden anlatmaya başladı ve biraz gerilere gitmesi gerektiğini söyledi. Bunların hepsi 1936 yılında Berlin Olimpiyatları'nda başlamıştı. Bu etkinliğin resmi olarak boykot edilmesi gerekiyordu. Sadece spor tutkunu birkaç üst düzey İngiliz politikacı bu karara karşı gelerek Berlin'e gitmişti. Birkaç İngiliz atlet de olimpiyatlara katılmıştı. İngiliz takımının katılımını tamamen iptal etmek mümkün olmamıştı.

Pohpohlama

Bu nedenle bu az sayıdaki üst düzey politikacı Hitler ve kurmayları tarafından özellikle saygın şekilde muamele görmüşler ve pohpohlanmışlardı. Elbette Churchill'in bu oyunlara katılmadığını söylemeye gerek yoktur.

Zugspitze'nin Etrafında

Hess özellikle büyük amcamla, yani 14. Hamilton Dükü'yle ilgilenmişti; çünkü onun Everest Dağı'nın üzerinde gerçekleştirilen uçuşta önemli bir pilot olduğunu biliyordu. Hess'in kendisi de: Zugspitze'nin Etrafında ödülünü iki defa kazanmış, mükemmel bir pilottu; bir defa ikinci, bir defa da birinci olmuştu: Bu sayede aralarında bir arkadaşlık ilişkisi gelişmişti, zaten anlaşmaları da sorun teşkil etmiyordu: Hess mükemmel derecede İngilizce, aynı zamanda akıcı şekilde Fransızca konuşuyordu; büyük amcam ise yeterli düzeyde Almanca konuşuyordu.

Yatıştırma

Münih Antlaşması'nı imzalayan ve Canaris'in etrafındaki generallerin darbesinden sonra savaşı bitirmeye hazır olan Neville Chamberlain, aslında turp gibiyken birden mide krampları geçirmeye başlamıştı ve özel doktoru ona en fazla altı aylık bir ömür biçmişti. , Böylece Hitler de İngiliz hükümetinde başka barış yanlıları bulmaya çalışmıştı. Hayatı boyunca patolojik bir kabadayı olan "deli fişek", tek başına bir tiran olarak üstünlüğü elde etmemeliydi.

Halifax

Hitler, kendisiyle makul bir görüşme yapılabilecek kişi olarak sadece Halifax'ı tanıyordu. Savaşın patlak vermesinden kısa süre önce dağ çiftliğine davet ettiği Halifax, Hitler üzerinde büyük bir etki bırakmıştı. Bu adam Dışişleri Bakanı'ydı ve Hitler onu zamanının en yetenekli İngiliz politikacısı olarak görüyordu.

Dar Şeritli Film

Bu görüşmenin video kayıtları bile bulunmaktadır. Bunları Eva Braun kaydetmişti. Resmi olarak saray fotoğrafçısı Hoffmann'ın asistanıydı; bu nedenle video kaydı yapması devlet konuklarının dikkatini çekmemişti. Ancak o zamanki filmlerde henüz ses kaydı yoktu.

Dudak Okuma

Kayıt tarihi Temmuz/Ağustos 1939'du, yani Danzig'de Polonya ile savaşın patlak vermesinden birkaç hafta öncesiydi. Görüşme Almanya gerçekleştirilmişti. FDR'nin savaş hazırlıklarına katılan az kişiden birisi olan Halifax, ABD'nin o dönemde savaş endüstrisinde ne kadar ilerlediğini Hitler'le paylaşmıştı. Hitler şok olmuştu. Böyle devasa bir donanım potansiyeline karşı koymak imkânsızdı. Oysa en geç 1942'de her şeyin hazır olması gerekiyordu.

Bu bilgilerden ilk olarak 2017'nin başından beri haberdarız. Hitler ile Halifax arasındaki görüşme, uzmanların dudak okuması yoluyla çözümlendi. Bu bilgileri paylaşarak Halifax'ın neyi hedeflediği tam olarak net değildir; belki de Hitler'i Polonya'ya savaş ilan etmemesi konusunda uyarmak istemişti.

Ancak bu aslında hiçbir şeyi değiştirmedi; ABD'nin iktidar elitleri, 1932'den itibaren hazırlığını yaptıkları üzere en geç 1942'de Almanya'ya karşı savaşa girdiler. Bu düzeyde bir silahlanmanın gerçekleştirilebilmesi için "On yıl kuralı"nın uygulanması gerektiğinden söz edilmektedir.

Hess'in Teklifi

Hess, Hitler'in yardımcısıydı, ayrı bir görev alanı bulunmayan bir bakandı, antlaşma imzalama yetkisine sahipti ve imzası sanki bizzat Hitler tarafından imzalanmış gibi, aynı geçerliliğe sahipti; işte bu adam, havacılığın büyük öncüsü ve İngiliz siyasetindeki en etkili insanlarda biri olan Lord Douglas-Hamilton ile arasındaki mükemmel uyumu anımsamıştı.

Hess, Lord Douglas-Hamilton'un, Almanya'ya duyduğu sempati nedeniyle tahttan feragat etmeye zorlanmış olan, kendisi de bir uçuş tutkunu olan Kral VIII. Edward'la arkadaş olduğunu da biliyordu. VIII. Edward'ın aynı şekilde tutkulu bir pilot olan en genç kardeşi 1. Kent Düküyle de iyi arkadaştı. Hess, ayrıca, onun Baruch etrafında toplanan Amerikalı büyük sermayenin bir çıkar ortağı olduğunu ve İngiliz İmparatorluğu'nu mahvettiğini düşündüğü Churchill'e duyduğu nefretten de haberdardı.

Haushofer

Hess, Douglas-Hamilton ile irtibat kurabilecek birisini tanıyordu; bu, sekreteri Haushofer Junior'un, dünyanın tüm başkentlerinde irtibatları bulunan babası Prof. Haushofer'di. Bu adam Münih Üniversitesi'nde profesördü ve jeopolitik adında yeni bir bölüm kurmuştu.

Burckhardt

Bu kişi İsviçre'de Kızılhaç'ın en üst yöneticisiydi ve bu sayede savaş zamanlarında bile savaşa katılan ülkelerde irtibatları vardı. Senior Haushofer'in yıllardır arkadaşı olması sebebiyle Hess ve Douglas-Hamilton arasında irtibat kurmaya hazırdı.

SIS Çalışanı

Hem Hess'in hem de Haushofer'in bilmediği şey ise Kızılhaç gibi yardım organizasyonlarının ilgili ülkenin gizli servisleriyle beraber çalışmak zorunda olduklarıydı. Böylece Hess ve Hamilton arasında gerçekleşen tüm bilgi alışverişi ilk önce SIS'ye ulaşmıştı. SIS'nin başı olan Churchill konunun görevden alınması olduğunu derhal anladı ve SIS'nin ilgili birimini ayırarak sadece kendine bağladı ve Chartwell'deki özel mülkünün bahçesinde bunun için bir idare merkezi kurdu. "Komplocular"ın da erişimi bulunan genel SIS'ye hangi bilgilerin iletileceğine kendisi karar verdi. Böylece "isyancılar"ın ihanetinden kimsenin haberi olmadı.

Yanlış Teoriler

Hess'in planının ortaya çıktığı netlik kazanınca, Almanya'da hemen bir açıklama bulundu. Hess'in sekreteri bir Yahudi'ydi (annesi Yahudi'ydi). Churchill'in planı öğrenmesinin sorumluluğu ona yüklendi. Bu yüzden hemen tutuklandı.

Çalışma İzni

Hess, sekreterinin Yahudi olduğunu biliyordu. Ancak ona mutlak bir güven duyuyordu. Hatta yanında çalışabilmesi için izin almakla bizzat kendisi ilgilenmişti. Babası da her tür şüpheden uzaktı. Hess, öğrenimi esnasında ondan ders almıştı. Onun en sevdiği öğrencisiydi ve hayat boyu süren bir arkadaşlıkları vardı. Genç Haushofer'den şüphelenilmesi kesinlikle haksızdı.

Sorun

Burada bir sorun vardı. Hitler'in de hazırlığına katıldığı bir planın başarısız olduğu, kamuoyu tarafından öğrenilmemeliydi. Bu Führer'in "imajı"na uygun düşmezdi. Führer'in halkın gözünde hatadan yoksun olması gerekiyordu. Bu nedenle Führer'in, yardımcısının planlarından haberi olmadığı duyuruldu. Hitler, bunun aşırı barışseverlikten kaynaklandığını ve haberi olmadan yürütüldüğünü söyledi. Haushofer Junior'ın tutukluluğu da böylece amirinin planlarından Hitler'i bilgilendirmemesi ile gerekçelendirilmiş oldu.

İngiliz Basını (5.8)

Churchill basına Berlin'de bir güç savaşı olduğunu ve Hess'in hayatından endişe ettiğini; bu nedenle, iltica etmek amacıyla İngiltere'ye kaçtığını söyledi.

Diğer bir gazetenin ilk sayfasında ise "Kahverengi muhabbet kuşu yuvadan uçtu" başlığı vardı.

Üçüncü bir günlük gazetenin başlığı "Führer'in temsilcisi çıldırdı" idi.

Sorgulamalar

Elbette Dungavel Kalesi'ne inişin planlandığı saatlerde orada bulunan herkesin ifadesi alındı. İlk olarak elbette ki kalenin efendisi olan ve pek çok kişiyi davet eden Dük ile başlanmıştı. Dungavel Kalesi aslında Dük'ün ana ikametgâhı değildi, sadece bir av köşküydü. Douglas - Hamilton iki ayrı Dük ünvanına sahipti ve ana ikametgahı muhteşem bir saraydı; sadece buradan bile onun Büyük Britanya'da nasıl bir role sahip olduğu anlaşılabilir.

Karalama

Churchill konu hakkında derinlemesine bilgi sahibiydi. Dükün sorgulanması aslında boşunaydı. Zaten adam Hess'i tanıdığını inkâr ediyordu ve Churchill bunu uygun bir mazeret olarak kabul etti. Bu yalan, onun konseptine tam olarak uygundu. Ardından bunu basına verdi. Aklını yitirmiş olan Hess, Berlin Olimpiyatlarında tanıştığı Dükü barış antlaşmasına ikna edebileceği hayaline kapılmıştı. Dük, güya o zamanki görüşmelerini artık hatırlayamıyordu, bu yüzden de yüzleşme esnasında Hess'i daha önce hiç görmediğini iddia etmişti.

El Koyma

Churchill, Düke inanmış gibi yaptı. Bunun bir cezası olmalıydı; ancak gerçek olayla ilişkisi bulunmamalıydı. Ayrıca savaşın ortasında bu etkili aile yle bir güç mücadelesi de yaratılmamalıydı.

Yıllar sonra, 1947'de, Dük'ün av köşküne el kondu. Bahane ise buranın İngiliz Nazi sempatizanlarının toplanma yeri olmasıydı. Atalarının çoğu bu mülkün parkında gömülü olduğu için, bu kayıp aile için oldukça ağır olmuştu.

Kötü Şöhretli Hapishane

Bu muhteşem konak, en kötüsünden bir hapishaneye dönüştürüldü. Başka hiçbir hapishanede bu kadar fazla skandal yaşanmamıştı. Bu da kasıtlı bir davranıştı. Bu yerin prestijinin tamamen yerle bir edilmesi gerekiyordu.

Mülteci Yurdu

Yakın zamanda bu durumun şiddeti daha da artırıldı. Sınır dışı edilme aşamasındaki mülteciler, buraya kapatılırlar. Protestolar ve karşı protestolar birbirini izler. Yakın bir gelecekte, mülkün tamamı yıkılacaktır.

James Douglas - Hamilton

Dükün çocuklarından biridir. Amazon'da satılmakta olan bir kitap yazmıştı. Başlığı "The truth about Hess (Hess hakkındaki gerçek)"tir. Bu kitabı okumadım ama yeni bir şey anlatmadığı kanaatindeyim. Muhtemelen bilinen yarı gerçekleri onaylaması için yazmaya zorlanmıştır.

Hess'in uçuşu hakkındaki belgeler 2041 yılına kadar yasaklı olduğu için henüz açıklanmasına izin verilmeyen başka sırlar da bulunduğu düşünülüyor. 100 yıllık gizlilik tamamen sıra dışı bir uygulamadır.

1. Kent Dükü George (5.9)

Churchill, Kralın bu en genç kardeşinin "isyancı yönetim"in gelecekteki kralı olmasının planlandığını biliyordu. Tacı bırakmaya zorlanan VIII. Edward, sürgünde bulunduğu Bahamalar'dan İngiltere'ye geri dönme ihtimali görmüyordu. Dolayısıyla kral unvanını almaya hazırdı.

George, yapılan sorgulamada, , uçak pisti hızlı bir şekilde buluşmaya imkân sağladığı için, pilot arkadaşlarıyla bu avcı köşkünde sıkça bir araya geldiklerini kabul etmişti. O zamanki sırdaşı Noel Cowart da prensipte daima beraberinde oluyordu.

Churchill bu mazeretten de çok memnun olmuştu. Kulağa çok makul geliyordu. Bu "misafirler" de Hess'in oraya iniş yapacağından haberdar değillerdi.

Ceza

Ancak bu cezanın çok hassas bir şekilde verilmesi gerekiyordu; çünkü halkın sevgilisi George, iktidarı ele geçirmekte başarısız olsa dahi ciddi bir rakipti. Askeri gizli servis MI5, uçağının motorlarını sabote etti; Georg Atlantik'i geçmek ve Newfoundland'a ulaşmak üzere, sekiz yakın silah arkadaşıyla birlikte bir savaş görevine gönderildiğinde, havalandıktan kısa süre sonra Short Sunderland'de uçağı düştü ve içinde bulunan herkes hayatını kaybetti. Sadece teknik bir arıza işte.

Dul

George'un Yunanistan ve Danimarka prensesi olan eşi Marina, bu olaydan sekiz hafta önce bir erkek çocuk dünyaya getirmişti ve bu çocuk halen hayattadır. Kocasının ölümünün ardından Churchill ona yaşadığı yeri boşaltması gerektiğini bildirmişti. Bu konutta oturma hakkına, sadece kraliyet ailesinin bir üyesi olarak kocası sahipti. Ayrıca geçimini sağlaması ve çocukları için ona yıllık ödenek de bağlanmadı. Kraliyet ailesi de buna onay verdi.

George V

Bu kişi Dük George'un ağabeyi ve şu anki Kraliçe Elisabeth'in babasıydı. En genç kardeşinin dul karısına ve üç çocuğuna merhamet gösterdi ve Kensington Sarayı'nın birkaç odasını onlara verdi. Ayrıca annenin kendisi ve çocukları için alışveriş yapabilmesi için kendi kişisel varlığından para yardımında bulundu. Aslında Marina'nın dul maaşı alması gerekiyordu. "Kaza" bir savaş görevi sırasında gerçekleşmişti.

Kira

Çocukları yetişkin çağa geldiklerinde, kendi gelirleri olmadığı için halen Kensington Sarayı'nda yaşıyorlardı. Bu nedenle, bu çocukların sarayın giderlerinin karşılanmasına yeterli miktarda katkı sağlayıp sağlamadıkları konusu Parlamentoda gündem oldu. Saray Krala aitti, ancak devlet bakım giderlerine katkı sağlıyordu. Ödedikleri "kira" çok düşük görüldü. İlave bir ceza olarak yıllarca fazla ödeme yapmak zorunda kaldılar. Bunu ödeyemedikleri için, bu arada Kraliçe olan II. Elisabeth akrabalarının tüm masraflarını üstlendi.

Yetkilerin Elinden Alınması

Churchill'in yetkilerinin elinden alınmasının nasıl gerçekleşmesi gerektiği çok açık değildi. Tutuklanması mı gerekiyordu, yoksa Parlamento'dan bu yönde bir karar çıkması mı? Son büyük hava bombardımanından sonra Londra'daki atmosfer, eğer bu anlamsız ve "gereksiz" savaş sona erecekse, bu konuda herkesin hemfikir olması gerektiği şeklindeydi. Her halükarda kimse adanın Almanlar tarafından ele geçirileceğini düşünmüyordu; Churchill sürekli böyle bir korku ortamı oluştursa bile; "cephede savaşın, evlerinizi ve bahçelerinizi koruyun", Almanlar İngiltere'yi işgal ederek nasıl bir avantaj elde edeceklerdi ki? Tersinden bakılınca, Almanlarla savaşmak İngilizlere nasıl bir avantaj kazandıracaktı? Bu savaş, sadece Almanya'yı ekonomik bir faktör olarak ortadan kaldırmak isteyen, özellikle de Almanya'nın New York'ta bulunan Dünya Ticaret Merkezi veya Dolar üzerinden işlem görmeyen dış ticaret gücünü kırmak isteyen ABD'deki büyük finans çevrelerinin çıkarları için yapılmıştı.

Barış İsteği

Geleceğin kralı, halkın barış isteğini destekliyor ve barış yapmak istiyordu. Arkadaşı Noel Coward ona bu girişiminde destek olmak amacıyla "Almanlara karşı bu kadar kötü olmayın" şeklindeki şarkısı ile bağışlayıcı bir atmosfer hazırlamak istiyordu. Şarkı şöyle başlıyordu, "Almanlara karşı canavarca davranmayalım". Ancak bu, komplonun patlamasından sonra daha fazla hoş görülemezdi. Bu şarkı yasaklı şarkılar listesi olan "List of songs banned by the BBC!"ye girdi ve açık şekilde halka ulaştırılması yasaklandı.

Yanlış Anlama

Bu şarkı ilk başlarda çok sevilmişti ve popülerdi. Churchill bile bu şarkıdan çok etkilenmişti; öyle ki canlı performans sırasında tekrar tekrar icra edilmesini istiyordu. Almanlar bu şarkıda sıçanlara benzetiliyordu, "the rats". Ayrıca son satırda, resmi adları olması gereken Hunlar şeklinde adlandırılıyorlardı, "Huns". İronik şekilde değil de, motamot anlamıyla değerlendirildiğinde, Beethoven ve Bach "pis Naziler"den daha kötüydüler, Karındeşen Jack veya Mackie Messer gibiydiler.

Yeni Yorum

Churchill her şeyden haberdar olduğunda, yani Coward'ın Almanya'ya karşı sürdürülen savaşı bitirme girişimine katıldığını öğrendiğinde, bu şarkıyı daha farklı şekilde değerlendirmişti. Artık birinci satırı bir skandal ve provokasyondu; çünkü kelimesi kelimesine öyle kastedilmişti. Almanlara karşı canavarca davranılmamalıydı da ne demekti; bu vatana ihanet gibi bir şeydi.

Noel Coward

Londra'da gösterileri en çok sevilen kişi, artık etkinliklerinin boykot edilmesine razı olmak zorundaydı. Basında onun hakkında sadece kötü değerlendirmeler yayımlanıyordu. Onunla birlikte performans yapılmıyordu. İstenmeyen kişi ilan edilmişti.

Coward bugün artık resmi olarak yasaklı değil ancak artık şarkıları söylenmiyor. Almanlara karşı dışlayıcı davranmak, İngilizlerin ikinci doğası haline gelmiştir. Duygusal nedenlerden dolayı bugün bile şunu söylemek mümkün değildir: "Almanlara karşı bu kadar kötü davranmak istemiyoruz".

Performans

Hem zamanın ruhuna, hem de genel havaya uygun olmamasına rağmen, hatta politik olarak bile doğru olmamasına rağmen, Douglas, piyanodaki Lizzy'nin eşliğinde şarkı söylemeye başlamıştı:

"Don´t let´s be beastly to the Germans (Almanlara karşı canavarca davranmayalım)"

Sözler

"Don´t let´s be beastly to the Germans (Almanlara karşı canavarca davranmayalım)"
Nihayet zafer kazandığımızda,
Onları savaşmaya ikna eden sadece o pis Nazilerdi
Hem Beethoven ve Bach'ları gerçekten ısırıklarından daha kötüdür
Onlara karşı mütevazi olalım
Ve onlara diğer yanağımızı dönelim
Ve onların gizli eğlence anlayışlarını ortaya çıkaralım.
Onlara tamamen eşitlik verelim
Ve farelere merhametle muamele edelim,
Ama Hunlara karşı canavarca davranmayalım.

Bu arada şunu da belirtmem gerekir ki, bu arka plan bilgisiyle birlikte bu sunum hepimiz son derece sıra dışı bir sanat hazzı vermişti.

Paket Servisi

Tam zamanında - mükemmel zamanlama - zil çaldı ve paket servisi bize gece yarısı yemeğimizi (le souper) getirdi.

Macar aşçıyla ne yazık ki bazı zorluklar yaşanıyordu. Bize biber ve jambonlu, yaban mersini doldurulmuş krepe benzer bir gulaş çorbası pişirmeyi istiyordu. Hal böyle olunca, Lizzy hızlıca Mc Donalds'tan bir şeyler ayarladı. Hamburger sorunsuzca servis edilebilir ve yakındaki bir şubeden çok taze şekilde gelebilirdi. Hamburgerlerin yanında, hanımlar da dahil olmak üzere, birer Guinness içtik.

Spekülasyon (5.10)

Yemekten sonra bir tartışma başladı. Konu: Eğer o zamanlar savaş gerçekten de bitmiş olsaydı, günümüzde ne farklı olurdu?

Endonezya

Hollandalılar hâlâ o muhteşem Sumatra, Java, Bali, ... ve Baharat Adaları'na sahip olurlar mıydı? O zamanlar Japonlar buraları henüz işgal etmemişlerdi. Ancak 1945'e geri çekilmek zorunda kaldıklarında, Sukarno eski sömürgeci efendilerin ülkeye girmesine izin vermedi. Hollanda yıkılmıştı; müttefiklerin Normandiya çıkartması sonrasında ve bölgelerindeki savaş onları o kadar zayıflatmıştı ki, kimseyi geri çekilmeye zorlayacak durumda değillerdi.

Hindiçin

Aynı şey Vietnam, Kamboçya ve Laos için de geçerliydi. 1941'de Hindiçin halen Fransız Vichy Hükümeti işgali altındaydı; daha sonra Japonlara buraları işgal etme hakkı verildi ve onlar da bu bölgeyi 1945'e kadar işgal altında tuttular. Japonlar 1945'te geri çekilmek zorunda kaldıklarında yerli halk artık eski Fransız sömürge yöneticilerinin kalmasını istemiyordu, aynı şekilde Amerikalıları da istemiyordu; ki Amerikalılar 1964 Ağustos'unda Vietnam'a girebilmek için Tongking Körfezi'nde bir olay sahnelemişlerdi.

Hindistan

Gandhi zaten Hindistan için belirli bir bağımsızlık elde etmişti,1947'de de Hindistan tam bağımsız olmuştu. Ancak eğer 1941 sonu - 1951 döneminde gerçekleşen savaş olayları olmasaydı, Hindistan'ın bağımsızlığı muhtemelen başka işaretler altında gerçekleşecekti.

Afrika

Belçika Kongosu, Kenya, Rodezya, ... hepsi yavaş yavaş parçalandı. Ve bağımsızlığını kazandı. Aynı şekilde Senegal, Nijerya, Kamerun, ... Cezayir'de biraz daha uzun sürdü; çünkü burası Fransa için çok önemliydi, hatta anavatanın bir parçası ilan edilmiş, Cezayirlilere seçme ve seçilme hakkı verilmişti.

Kesinlik

Elbette bunların hepsinin spekülasyon olduğu konusunda hemfikirdik. Kesin olan tek şey, Hess'in uçuşundan altı hafta sonra, Hitler'in Barbarossa Harekâtı adı altında Rusya'ya saldırmış olmasıydı. Savaş ilan edilmeden başlatılan bu saldırıyla Hess'in uçuşu arasında nasıl bir bağlantı olduğu, henüz bilinmemektedir. Bu saldırının durum her ne olursa olsun başlatılması mı planlanmıştı, yoksa Hess ile hayata geçirilmek istenen darbe başarısız olduğu için mi gerçekleştirilmişti?

Felaket

Kesin olan bir başka şey de, Rusya'ya saldırma kararının II. Dünya Savaşı'nın en büyük felaketine neden olmuş olmasıdır. Rus halkı akla hayale gelmez acılar çekmiş, Alman askerleri insani olmayan zorluklarla göğüs germek zorunda kalmış, Yahudiler de şoah ya da holokost felaketini yaşamıştır. Bu, Almanların Rusya'ya saldırılmasıyla başlamıştır.

Nihai Çözüm

Polonya'nın işgalinden kısa süre sonra 1939'daki bir konuşmasında Hitler, "Eğer Wallstreet'teki büyük Yahudi sermayesi I. Dünya Savaşı'nda yaptığı gibi dünyayı ikinci bir savaşa daha götürürse, bunun sonucunda Alman halkı değil, Avrupa'daki Yahudiler yok olur" demişti.

ABD'de en büyük gücün büyük bankalarda, yani Rothschild, Rockefeller, Lehmann Brothers, Goldmann Sachs, Morga-Stanley, Warburg vb. olduğu düşüncesindeydi. Tesadüfen bunların hepsi Yahudi olduğu için Hitler Alman İmparatorluğu'nun gerçek düşmanının Yahudiler olduğunu düşünüyordu.

Hess Sorunu

Uçağı düştüğünde Hess ölmemişti. Parlamenterlerin ve hükümet üyelerinin burada aslında ne yaşandığını bilmeye hakları vardı. Churchill onu bir soruşturma komitesinin önüne çıkmaktan uzak tutmayı başaramamıştı.

Endişeler

Bu esnada milletvekillerinin Hitler'in barış teklifinden haberdar olmaları halinde, barış antlaşmasını kabul edebileceklerinden son derece endişeleniyordu. Zaten o zamana kadar hükümet yetkililerinin bilgisi olmadan üç büyük girişimi engellemişti.

Pacelli

Vatikan'ın Berlin büyükelçisiydi. Sonraları XII. Pius adıyla Papa seçildi. Churchill ona "Hitler'in Papası" diyordu. Pacelli, İngiliz Hükümeti'ne, savaşın sona erdirilmesi halinde Hitler'in status quo ante yapacağını, yani Fransa'nın Elsas - Loren Bölgesi dışında - burası Almanya'da kalacaktı - eski sınırları içinde tekrar bağımsızlığını elde edeceğini garanti etmişti. Polonya da aynı şekilde eski sınırları içinde yeniden kurulacaktı. Sadece %98'i Almanlardan oluşan Danzig şehri Almanlar tarafından yönetilecekti ve artık Polonya yönetimi altında olmayacaktı. Bu arada Polonya'nın Ruslar tarafından işgal edilen kesimleri hakkında Pacelli herhangi bir söz vermemişti.

İsveç Kralı

İngiltere ile Almanya arasındaki çatışmada tarafsız kalan İsveç de arabulucu rolüne soyunmuş, ancak başarılı olamamıştı.

Alman büyük sanayisi tarafından yetkilendirilen büyük sanayici Dahlerus'un girişimi de aynı şekilde başarısız olmuştu. Churchill, FDR'ye büyük savaşın şartlarını oluşturmak için söz verdiğinden, savaşı sona erdirme amaçlı tüm denemeleri sabote ediyordu. Ayrıca Baruch'tan düzenli olarak aldığı finansal yardımlara bağımlı olması diğer bir nedendi.

Günlük Telefonlaşma

Savaş Odalarında bulunan "tuvalet"inden FDR ile her gün iletişime geçiyor, yan taraftaki konferans odasında yer alan savaş kabinesinin bir kere bile haberi olmadan yaptığı bu görüşmelerde, talimatlarını doğrudan Amerika'daki güç merkezinden alıyordu. Sadece ABD'nin muazzam silah potansiyelinin bu savaşı kazanabileceğini biliyordu. Ayrıca FDR'nin her gün savaşa girebilme fırsatını kolladığını da biliyordu. Bu, ancak Amerikan halkının barış arzusu kırılınca gerçekleşebilecekti. Nihayet 1941 yılında, Hess'in uçuşundan altı ay sonra, Japonlar - güya durduk yerde - Pearl Harbor'a saldırınca bu beklenti gerçekleşti ve Churchill'i çok mutlu oldu.

Tehlike

Ancak Hess soruşturma komitesinin önüne çıktığında, henüz her şey hazır değildi. Hazırladığı barış planının detayları kesinlikle dışarı sızmamalıydı. Churchill, bunu engellemek için ona ilaç yükleyerek aklını kaçırmış gibi görünmesini, hafızasını kaybetmesini ve anlamsız, saçma sapan şeyler söylemesini sağladı.

Sonuç

Komite, karşılarındakinin akıl hastası olduğu, Almanya'nın sömürgelerini geri almak istediği şeklinde tutarsız ve anlamsız konuştuğunu, asla bir antlaşma için görev veya yetki almadığını açıkladı. Führer'in haberi olmadan, kendi kendine ve Douglas - Hamilton ile sözleşmeden Dungavel Kalesi'ne doğru uçmuştu, ayrıca aklı karışmış olmalıydı.

Uyum

Berlin bu değerlendirmeyi memnuniyetle kabul etti. Çünkü, Hitler'in de dahil olduğu hassas bir görevin başarısız olduğunu kabul etmek, bir bakanın aklını yitirdiğini kabul etmekle kıyaslanınca, politik açıdan daha sorunlu olurdu.

Hasar

Hess'e ilaç yüklemesine birkaç gün daha devam edildi ve bu onun beyninde kalıcı hasarlara neden oldu. Yıllar sonra gerçekleştirilen Nürnberg Yargılamalarında bu açıkça görülüyordu: Deli gibi bakması, hafızasında boşluklar olması, garip davranışlar sergilemesi...

Normal Anlar

Ancak Hess'in arada sırada normal anları da oluyordu. Muhtemelen ilaç yüklemesi sürekli olmamıştı. Böyle bir normal anında İngiliz Kralına bir mektup yazmıştı.

Krala Mektup

Hess, mektubunda yemeğine akıl karıştırıcı maddeler katıldığından ve aslında söylemek istemediği şeyleri söylemek zorunda bırakıldığından şikâyet etmişti.

Bilimsel Açıklama

Mektup VII. George'a gerçekten ulaştı ve o da bir psikiyatrik inceleme emri verdi. Profesörler, bu şüphenin Hess'in kendi uydurması olduğu ve suçlamaların temelsiz olduğu sonucuna vardılar.

Rapor

Aynı zamanda Hess'in kişilik değerlendirmesini içeren bir doktor raporu da düzenlendi. Bilim adamları Hess'in çocuksu davrandığını ve gelişiminde geri kaldığını tespit ettiler. Ayrıca zihinsel yetenekleri aşırı derecede sınırlı olduğundan, zihinsel engelden söz edilebileceği belirtildi.

Uzaktan Teşhis

Bu durumda hemen "patronu" Adolf Hitler hakkında da benzer bir teşhis koyulabileceği sonucuna varıldı. Her zaman kabul edilen şey böylece kesin şekilde ve bilimsel açıdan eksiksiz olarak ispat edilmiş oldu: Nazi liderlerinden hiçbiri 3'e kadar sayamıyordu. Sonunda resmi bir sonuç elde edilmişti.

Medyum

İngiliz basınına göre Hess ve Hitler'in ortak özelliği olan küçük bir detay bulunuyordu. Hess uçuşundan önce bir medyuma doğru zamanlamayı sormuştu. Hitler'in de vereceği her karardan önce bir medyumun tavsiyesine uyduğu iddia ediliyordu. Ben buna inanmıyorum ama gazetelerde böyle yazıyordu.

Hitler, her zaman duymak istediği şeyleri söylemediği, ayrıca da bir Yahudi olduğu için on parmağında on marifet olan Hanussen'i öldürttükten sonra, sıradan bir medyum ile idare etmek zorunda kalmıştı.

Abra Kadabra

Londra'ya gerçekleştirilen büyük bombardımandan önce Hitler'in bir medyuma doğru zamanlamayı sorduğu iddia ediliyordu - ki bu zamanlama, tesadüfen Hess'in uçuşu için kendi medyumundan aldığı zamanlamayla örtüşmüştü. Ancak bu muhtemelen bir yalan haberdi. Hitler medyumuna 500 uçakla Londra'yı bombalamak istediğini söylemişti.

O da trans halinde "when moon is in the seventh house (ay yedinci evresindeyken)" demişti.

> 500 uçağı Londra'ya doğru uçarken görüyorum.
> Ve Jüpiter, Mars ile aynı hizaya geliyor
> Su üzerinde, kanal üzerinde
> Ardından hokus pokus ah ah ah

Sözlerin ne olduğu net olarak bilinmiyor; ancak anlaşılan bu sözler, Hitler'in üzerinde olumlu bir işaret olarak algılanabileceği şekilde bir etki yaratmış. Ardından Hitler görev emrini vermiş olmalıdır.

Sonuç

Hess, parlamenterle buluşma girişiminin akamete uğraması üzerine, görevinin kesinlikle başarısızlığa uğradığına kanaat getirmiş ve hayatını sonlandırmak istemişti. Son bir veda mektubu yazarak, kendisini merdiven boşluğundan aşağıya atmıştı. Bu atlayışı ölümcül olmamış, ancak ağır yaralanmıştı.

Veda Mektubu

Hess, bir veda mektubu bırakmıştı. Mezar taşının üzerinde "Cüret ettim" yazılmasını istiyordu. Bu, Ulrich von Hutten'in bir şiirinin başlangıcıdır. Böylece yaptığı uçuş ile tüm yumurtaları aynı sepete yerleştirdiğini ve kendi hayatını bile ortaya koyduğunu göstermek istemişti. Girişimi ihanet nedeniyle başarısız olmuştu, ancak yine de pişman değildi. Çünkü vatanına sadıktı ve vatanını yok olmaktan kurtarmayı görevi olarak görüyordu.

Ulrich von Hutten

Bir amaçla buna cüret ettim,
Ve bundan pişman değilim,
Kazanamadım da ama,
Sadakatin görülmesi gerekir.

Gizli Bilgi

Hess davasıyla ilgili tüm belgeler ve tutanaklar, 2041 yılına kadar yasaklıdır. Bu, bu tarihi olaydan 100 yıl sonrası demektir. Böyle bir olay için bu mevcut en uzun süredir. Demek ki hâlâ kamuoyunun öğrenmemesi gereken bir şeyler vardır.

Pratik Açıklama

Churchill için yük oluşturan tüm malzemeler, kesinlikle çoktan ortadan kaldırılmıştır. Boş bir rafın yasaklanmasının tek amacı, 2041 yılında belgelerin imha edilmiş olduğu anlaşıldığı zaman patlak verecek skandalın, şu anda patlak verecek olana göre daha küçük boyutlarda kalacak olmasıdır. Çünkü söz konusu tarihte tarihçiler dışında kimsenin Hess'in kim olduğunu hatırlamayacaktır bile; ancak günümüzde II. Dünya Savaşı'nın o dönemi hakkında hatıraları bulunan birkaç kişinin hayatta olması söz konusudur.

Teşekkür

Houston, akşamı Douglas ve Lizzy'ye teşekkür ederek kapattı. Bir sonraki, yani altıncı akşamın konusunun Rusya seferi olacağını duyurdu. Ardından büyük bir sürpriz daha geldi.

Trompet

Lizzy o ana kadar kendisini sadece piyanist olarak tanıtmıştı, bir şarkıcı olarak değil. Akşamın kapanışında en sevdiği şarkı olan Fitzgerald'ın "Summertime" şarkısını söylemek istedi. Bundan daha büyük sürpriz ise Douglas'ın ona, Louis Armstrong'un Fitzgerald'a eşlik ettiği gibi trompetle eşlik etmek istemesiydi. En iyi arkadaşları bile onun bir müzik dâhisi olduğunu, sadece gitar ve vurmalı çalgılar değil, trompet de çalabildiğini bilmiyorlardı.

1. Bölümün Sonu